D1688563

1. Auflage April 1994

36. Auflage 2008 unveränderter Nachdruck

ISBN 978-3-9520606-0-5

© 1994 by René Egli
Editions d'Olt, Rainstraße 21, CH-8955 Oetwil a.d.L.

Alle Rechte der Verbreitung, auch durch Funk, Fernsehen, fotomechanische Wiedergabe, Tonträger jeder Art und auszugsweisen Nachdruck, sind ausdrücklich vorbehalten.

Das LOLA-Prinzip ist ein eingetragenes Markenzeichen des Institut für Erfolgsimpulse.

René Egli

Das LOL²A-Prinzip
Teil 1

Die Vollkommenheit der Welt

EDITIONS D'OLT

Inhaltsverzeichnis

Einleitung I und II 10

Worauf es im Leben ankommt 14

Erster Teil
Das menschliche Drama

    1.   Die Vertreibung aus dem Paradies 19

    2.   So machen Sie sich zu einem machtlosen
Menschen 25
    2.1   Die Angst 26
    2.2   Die Sünde 30
    2.3   Das Abschieben der Verantwortung 35
    2.4   Die Einmischung 38
    2.5   Das Suchen in der Außenwelt 40
    2.6   Die Komplexität des Lebens. 45
    2.7   Die Ratio/Die Analyse 48
    2.8   Die Unfähigkeit, selbständig und
logisch zu denken 51

    3.   Die Folgen: Die Probleme sind nicht lösbar . . 60

Zweiter Teil

Die unverrückbaren Grundlagen des LOLA-Prinzips

1.	So funktioniert der Mensch	63
1.1	Der radikalste Grundsatz	64
1.2	Das Prinzip des freien Willens	68
1.3	Das menschliche Potential	72
2.	So funktioniert der Kosmos/das Leben	79
2.1	Alles ist Schwingung/Energie	79
2.2	Es gibt keine objektive Welt	84
2.3	Alles ist EINS	90
2.4	Die totale Kommunikation	96
3.	Die Folgen: Die Probleme sind lösbar	98

Dritter Teil

Das mächtige LOLA-Prinzip

1.	**Aktion = Reaktion**	102
1.1	Eine Lektion Physik mit Folgen: Die Funktionsweise unseres Denkens	102
1.2	Was ist die Welt? Der Schlüssel zur menschlichen Macht	117
1.3	Die totale Selbstverantwortung Good bye Zufall	121
2.	**Loslassen**	128
2.1	Es geht um die Macht über Leben und Tod	129
2.2	Die Aktivierung Ihrer universellen Intelligenz........................	132
2.3	Die Vermeidung von unnötigem Energieverlust und Energieblockaden	142
2.4	Eine erstaunliche Entdeckung: Der ideale Lebenszustand	153
2.5	Der Sinn des Lebens	160
3.	**Liebe**	162
3.1	Liebe ist	163
3.2	Der Weg vom sozialen zum kosmischen Bewußtsein................	171
3.3	Liebe Deinen Nächsten wie Dich selbst	178
3.4	Die Ursache aller menschlichen Probleme und deren Überwindung	184
3.5	Dankbarkeit – eine vergessene Dimension.......................	186

Vierter Teil

Rück- und Ausblick

1. Zusammenfassung 191

2. Der große Irrtum:
   «Ihr werdet sein wie Gott» 193

3. Ein atemberaubender Ausblick 197

Anhang

Persönliche Notizen 201

Danksagung 211

Das Gesamtangebot der Editions d'Olt 212

Literaturverzeichnis 216

Stichwortverzeichnis 218

«Die Welt, Freund Govinda, ist nicht unvollkommen, oder auf einem langsamen Wege zur Vollkommenheit begriffen: nein, sie ist in jedem Augenblick vollkommen.»

> Hermann Hesse, Siddhartha

Meiner Meinung nach muß allem ... eine ausgesprochen einfache Idee zugrunde liegen.
Und meiner Meinung nach wird diese Idee, wenn wir sie schließlich entdeckt haben,
so zwingend, so schön sein, daß wir zueinander sagen werden: Ja, wie hätte es auch anders sein können.

> John Wheeler,
> Physiker
> The Creation of
> the Universe

Einleitung I

In der Unendlichkeit des Kosmos treibt ein Staubkorn – eines unter Milliarden von Staubkörnern – dessen Bewohner ihm den Namen «Planet Erde» gegeben haben.

Seit Jahrtausenden geschehen dort merkwürdige Dinge. Die dort lebenden Wesen, die sich selbst den Namen Menschen gegeben haben, verbringen einen großen Teil ihrer Zeit damit, sich gegenseitig zu bekämpfen; manchmal bringen sie sich sogar gegenseitig um. Und zwar geschieht dies aus Gründen, die für einen außenstehenden Geist völlig unverständlich sind. Es geht nämlich nie um die Beherrschung des gesamten Staubkorns «Erde», nein, es handelt sich immer nur um die Beherrschung eines unvorstellbar kleinen Bruchteils davon.

Ebenso unverständlich ist die Tatsache, daß diese Menschen während Jahrtausenden davon ausgegangen sind, es gäbe keine anderen höheren Intelligenzen in der Unendlichkeit des Kosmos. Obwohl diese Wesen nicht wußten, wie das Universum funktioniert, haben sie sich als Krone der Schöpfung betrachtet. Noch heute gibt es Theorien, die davon ausgehen, der Mensch, die Krone der Schöpfung, sei von Grund auf aggressiv und somit seien Konflikte, Kriege, Mord und Totschlag etwas, womit die Menschheit immer leben müsse.

Betrachten wir die Erde tatsächlich einmal als Staubkorn in der Unendlichkeit des Kosmos, dann ist folgende Szene doch leicht vorstellbar: Aus den Tiefen des Universums besuchen höher entwickelte Wesen die Erde in Abständen von einigen hundert oder tausend Jahren (was sind schon tausend Jahre im Kosmos). Sie kommen, um zu sehen, ob die Menschheit in der Zwischenzeit begriffen hat, wie «Es», das Leben, funktioniert. Bisher sind diese Besucher mit Sicherheit immer wieder kopfschüttelnd von dannen gezogen, weil sie einfach nicht verstehen können, weshalb die Menschen nicht begreifen wollen. Es ist bestimmt ein Rätsel für jeden entwickelten Geist, zu verstehen, weshalb der menschliche Geist nicht funktioniert.

Das, worüber in diesem Buch berichtet wird, nennt man Leben. Dies ist der Versuch, eine Gebrauchsanleitung für das Leben zu schreiben. Wir haben Gebrauchsanleitungen für Autos, Waschmaschinen, Kühlschränke, Fernsehapparate etc. etc. Hier kommt eine Gebrauchsanleitung für das Leben. Das könnte für einige Menschen vielleicht ganz nützlich sein.

Es könnte ja sein, daß es kein Naturgesetz gibt, das besagt, wir müßten uns gegenseitig bekämpfen und teilweise sogar umbringen.

Es könnte sein, daß es kein Naturgesetz gibt, das besagt, das Leben müsse gezwungenermaßen aus einer Serie größerer oder kleinerer Probleme bestehen.

Es könnte sein, daß es Lebensgesetze gibt, gegen die wir möglicherweise oft, zu oft, verstoßen und uns damit das Leben unnötig erschweren.

Und es könnte sein, daß das LOLA-Prinzip tatsächlich den Weg zur Lösung aller Probleme weist. Das werden Sie aber nur dann herausfinden, wenn Sie es ausprobieren, in Ihrem Leben. Dann werden Sie selbst feststellen können, ob Hermann Hesse recht hatte, als er in seinem Buch «Siddhartha» folgenden Satz niederschrieb:

«Die Welt, Freund Govinda, ist nicht unvollkommen, oder auf einem langsamen Weg zur Vollkommenheit begriffen: nein, sie ist in jedem Augenblick vollkommen.»

Einleitung II

Wenn von Weisheitslehren oder Lebensgesetzmäßigkeiten die Rede ist, so denkt man oft an Weisheiten aus dem Osten. Tatsächlich gab – und gibt es – dort Gurus, Meister etc., die zu ganz gewaltigen Einsichten gelangt sind. Was dieses Buch betrifft, so ist dazu folgendes zu bemerken: Erstens trenne ich nicht in östliche und westliche Weisheiten; entweder ist etwas eine Gesetzmäßigkeit, dann ist sie überall auf der Welt und im Kosmos gültig, oder es ist keine Gesetzmäßigkeit, dann ist sie nirgendwo gültig. Zweitens behandle ich das Thema nicht nur aus einer westlichen Sicht, sondern, und das ist entscheidend, aus einer ökonomischen Sicht. Ich bin in erster Linie Ökonom, und diese Tatsache wirkt sich natürlich im LOLA-Prinzip aus.

Als westlicher Mensch und Ökonom habe ich beispielsweise Mühe mit stundenlangem und jahrelangem Meditieren über Mantras oder über das «Nichts». Ich bewundere jene Menschen, die das können; ich zweifle aber daran, ob das für viele Menschen – insbesondere im Westen – der geeignete Weg zur Lösung ihrer Probleme ist. Mir scheint auch, daß viele dieser Lehren für eine Elite sind. Es kann aber nicht das Ziel sein, daß nur eine kleine Elite zu außergewöhnlichen Einsichten und zur optimalen Lösung ihrer Probleme gelangt.

Was wir brauchen ist meiner Meinung nach ein Verhalten, mit dem jedermann sofort seine Probleme lösen und seine Ziele erreichen kann – ohne zuvor jahrelang meditieren zu müssen. Wenn wir die Forderung aufstellen, daß jedermann sofort die wesentlichen Gesetzmäßigkeiten anwenden kann, so heißt das auch, daß keine Voraussetzungen hinsichtlich geschichtlicher, philosophischer oder naturwissenschaftlicher

Kenntnisse gefordert sind. Das Einzige, das gefordert ist: gesunder Menschenverstand. Leider ist es oft so, daß viele philosophische und naturwissenschaftliche Kenntnisse dem gesunden Menschenverstand nicht immer sehr zuträglich sind. Zuviel angelerntes Wissen verstellt nur zu oft den Blick auf die einfachen Wahrheiten.

Es geht mir somit darum, ein Prinzip zu zeigen, das jedermann sofort in seinem eigenen Leben ausprobieren, testen, kann. Jede Leserin und jeder Leser kann dann selbst feststellen, ob es funktioniert. Es geht nicht um eine Theorie, es geht nicht um eine Philosophie, über die man wunderschön diskutieren und streiten kann. Die Diskussion über eine Theorie, die man nicht selbst ausprobiert hat, ist Zeitverschwendung.

Hier geht es um unser Verhalten im täglichen Leben.

Worauf es im Leben ankommt

Buddha soll einmal gesagt haben, die Frage nach Gott interessiere ihn nicht, das sei Theorie. Aber was ist es dann, das interessiert? Was ist wichtig? Mir scheint, insbesondere im Westen hätten wir allen Grund dazu, uns diese Frage ernsthaft zu stellen. Ich bin deshalb dieser Meinung, weil ich von vielen Menschen immer höre: «Keine Zeit». Wenn wir schon meinen, daß wir zuwenig Zeit haben, dann wäre es doch naheliegend, sich wenigstens mit dem Wesentlichen zu befassen, mit dem (jetzt spricht der Ökonom), was am meisten bringt. Interessanterweise haben viele Menschen auch dazu keine Zeit. Das sieht in Form einer kleinen Geschichte wie folgt aus:

An einem Seeufer sitzt ein Mann und versucht, mit seinen Händen Fische zu fangen. Ein Wanderer kommt vorbei, klopft dem Fischer auf den Rücken und sagt: «He, guter Mann, komm ich zeige dir, wie man ein Netz knüpft. Damit kannst du viel schneller und mehr Fische fangen, als von Hand.» Der Fischer ist so auf den See konzentriert, daß er kaum richtig zugehört hat. Ohne aufzublicken antwortet er dem Wanderer: «Keine Zeit. Ich muß jetzt Fische fangen.»

Das tönt zwar trivial, aber es ist tägliche Realität. Wieviele Menschen befinden sich in genau dieser Situation? Keine Zeit für das Wesentliche, ich muß mich auf das Unwesentliche konzentrieren.

Aber was ist es denn, dieses Wesentliche?

Es geht um die Antwort auf eine einzige zentrale Frage, und diese Frage lautet:

«Wie komme ich mit einem Minimum an Aufwand und so schnell wie möglich von einem IST-Zustand zu einem SOLL-Zustand?»

Das ist schon alles. Etwas anderes brauchen Sie nicht zu wissen. Weshalb? Ganz einfach: Alles im Leben eines Menschen läßt sich einteilen in IST und SOLL. IST, das ist das, was jetzt ist. SOLL ist das, was sein sollte; was wir uns in unseren Köpfen vorstellen. Logischerweise wollen wir nicht mit möglichst viel Aufwand und möglichst langsam zu unserem Wunschziel gelangen, sondern möglichst rasch und mit möglichst wenig Aufwand. Einverstanden? Vielleicht werden Sie jetzt denken, typisch Ökonom. Mit möglichst wenig Aufwand möglichst viel Ertrag. Wo bleibt da die Menschlichkeit? Die Antwort darauf ist ganz einfach. Auch immaterielle Werte lassen sich in IST und SOLL aufteilen. IST-Zustand kann sein: Unzufriedenheit, Arbeitslosigkeit, Drogenabhängigkeit, Krieg etc., und der entsprechende SOLL-Zustand ist dann Zufriedenheit, Arbeit, Drogenfreiheit, Frieden etc. Wenn ich also von IST und SOLL spreche, dann denke ich keineswegs nur an materielle Ziele. Ich denke an alles. Das LOLA-Prinzip ist universell anwendbar. Und das heißt: es ist im Privatleben, im Geschäftsleben, im Sport, in der Politik (Krieg/Frieden), in der Gesellschaft anwendbar. Für einen Manager ist der SOLL-Zustand vielleicht mehr Gewinn. Für einen Zen-Buddhisten ist der SOLL-Zustand die Erleuchtung. Für die Palästinenser ist der SOLL-Zustand ein eigener Staat. Für den amerikanischen Präsidenten ist der SOLL-Zustand beispielsweise Frieden im nahen und mittleren Osten. Für eine Mutter ist der SOLL-Zustand das erfolgreiche Gedeihen ihrer Kinder. Für zahlreiche Regierungen ist der SOLL-Zustand die Reduktion der Arbeitslosigkeit. Was immer Sie sich vorstellen können, Sie können es in IST und SOLL unterteilen und somit zeigt Ihnen das LOLA-Prinzip, wie Sie Ihren ganz persönlichen SOLL-Zustand möglichst rasch und mit möglichst wenig Aufwand erreichen. Ich habe noch niemanden angetroffen, der seine Ziele mit möglichst viel Aufwand und möglichst langsam erreichen wollte.

Und trotzdem: die Aussage «mit möglichst wenig Aufwand» widerspricht unserer ganzen westlich-christlichen Erziehung. Es ist uns gesagt worden, wir müßten im Schweiße unseres Angesichts unser Brot verdienen. Je mehr Anstrengung (Kampf?) desto mehr Verdienst. Selbst östliche Weisheitslehrer stoßen in dasselbe Horn. Kürzlich habe ich in einem Buch über Management und Zen gelesen, der Leser solle sich keine Illusionen machen, von ihm werde viel, sehr viel, Arbeit verlangt. Dahinter steckt die Idee: wer sich enorm abmüht, wird schließlich belohnt.

Das LOLA-Prinzip behauptet genau das Gegenteil. Niemand braucht sich abzumühen. Es gibt einen einfacheren und schnelleren Weg, um unsere Probleme zu lösen und unsere Ziele zu erreichen. Selbst wenn ich mich damit im Widerspruch zu verschiedenen Philosophien befinde, so fühle ich mich doch in allerbester Gesellschaft. Einer der wohl größten Weisheitslehrer aller Zeiten, Jesus, hat sich dazu wie folgt geäußert:

Sehet die Vögel des Himmels an! Sie säen nicht und ernten nicht und sammeln nicht in Scheunen, und euer himmlischer Vater ernährt sie doch. Seid ihr nicht viel mehr wert als sie? ... Betrachtet die Lilien des Feldes, wie sie wachsen! Sie arbeiten nicht und spinnen nicht; ich sage euch aber, daß auch Salomo in all seiner Pracht nicht gekleidet war wie eine von diesen. (Matth. 6:26)

Keine Rede davon, daß wir unsere Ziele möglichst mühsam mit viel Aufwand erreichen sollen. Alles, was Jesus gesagt hat, entspricht den Grundsätzen der Ökonomie; radikalere ökonomische Grundsätze als bei Jesus findet man wohl nirgends.

Interessant ist, daß unsere Kultur, unsere Erziehung davon herzlich wenig berührt worden ist. Das Ideal des fleißigen Arbeiters widerspricht total obiger Aussage von Jesus. Denken Sie jetzt aber bitte nicht, ich propagiere die Faulheit; nein, ich schlage einen anderen, ökonomischeren Weg vor.

Hier drängt sich noch eine wichtige Anmerkung zum SOLL-Zustand auf:

Es geht mir nicht darum, zu zeigen, wie **ein** ganz bestimmtes Ziel erreicht werden kann. Es geht um die Darstellung eines fundamentalen Lebensmechanismus, mit dem beliebige Ziele erreicht werden können. Das bedeutet noch etwas ganz Wichtiges: Sie werden von mir nie hören, **was** Ihr Ziel sein soll. Ich spreche hier nicht über gute oder schlechte Ziele. Das ist ein menschliches Werturteil. Es geht hier um Gesetzmäßigkeiten, die nicht von mir stammen, die von keinem Menschen stammen. Die schon immer so waren, so sind, und so sein werden, wie sie sind.

Wenn wir diese Gesetzmäßigkeiten kennen, dann können wir sie zu unserem Vorteil anwenden. Wenn wir sie nicht kennen, dann besteht die Möglichkeit, daß wir sie zu unserem Nachteil anwenden und uns somit unser Leben unnötig erschweren. Das habe ich während einem halben Leben immer und immer wieder gemacht; so lange, bis ich eines Tages genug hatte, und mir sagte, «das kann es doch nicht sein, es muß auch anders gehen.» Daraus ist dann das entstanden, was ich hier mit «Das LOLA-Prinzip» bezeichne.

Erster Teil

Das menschliche Drama

«Wir finden Tröstungen, wir finden Betäubungen, wir lernen Kunstfertigkeiten, mit denen wir uns täuschen. Das Wesentliche aber, den Weg der Wege, finden wir nicht.»

Hermann Hesse, Siddhartha

1. Die Vertreibung aus dem Paradies

«Nicht steht mir zu, über eines andern Leben zu urteilen!»

Hermann Hesse, Siddhartha

Der Mensch trägt ein zentrales Problem mit sich herum. Es handelt sich dabei um sein ständiges Urteilen über Gut und Böse. Wir urteilen über uns selbst, über andere Menschen und über Situationen. Das Problem daran ist folgendes: Was für den Meier gut ist, ist für den Müller möglicherweise schlecht. Und schon ist der Konflikt programmiert. Das Aufteilen in Gut und Böse hat nichts mit einem Naturgesetz zu tun. Es sind menschliche Moralvorstellungen, die sich im Verlaufe der Zeit ändern und die sogar von Region zu Region verschieden sind. Das Universelle daran ist: sie produzieren Konflikte. Konflikte im Menschen drin und Konflikte zwischen den Menschen. Damit ist natürlich auch die Basis gelegt für kriegerische Auseinandersetzungen.

Woher kommt dieses Urteilen, dieses Aufteilen in Gut und Böse? Wir haben es in der Schule gelernt: Es ist die Geschichte vom Apfel und von Adam und Eva. Es heißt dort, sie haben gegessen vom <u>Baum der Erkenntnis von Gut und Böse.</u> Folgendes fällt hier auf: offenbar hat es vorher so etwas wie Gut und Böse nicht gegeben. Es ist also eine Existenzform denkbar, die weder Gut noch Böse kennt. Und wie diese Existenzform heißt, wird in der Geschichte von Adam und Eva auch gleich mitgeliefert. Es steht schon im Titel: Die Vertreibung aus dem Paradies. Der Zustand, in welchem nicht unterschieden wird in Gut und Böse, wird also hier ganz eindeutig mit «Paradies» bezeichnet. Das Paradies ist nicht irgendein geographischer Ort oder etwas, das vielleicht in ferner Zukunft einmal erreicht werden kann, nein, das Paradies ist offenbar ganz schlicht und einfach ein Geisteszustand. Ein Zustand des Nichturteilens, des Nichtaufteilens in Gut und Böse. Jeder Mensch könnte sich somit sofort ins Paradies katapultieren, wenn er aufhören würde, die Welt – und somit natürlich auch sich selbst – in Gut und Böse aufzuteilen.

Niemand hindert ihn an der Rückkehr ins Paradies – außer er selbst. Er wurde auch nicht aus dem Paradies vertrieben, wie im Titel erwähnt; schließlich hat er freiwillig vom Baum der Erkenntnis von Gut und Böse gegessen. Er hat sich also selbst aus dem Paradies hinauskatapultiert. Und dies ist ja gerade das Tröstliche an der Sache: da er sich selbst – durch sein Urteilen – aus dem Paradies verjagt hat, kann er auch selbst – durch sein Nichturteilen – wieder dahin zurückkehren.

Wir sollten uns folgendes ganz klar vor Augen halten:

Von genau dem Moment an, da wir mit dem Unterteilen in Gut und Böse begonnen haben, haben unsere Probleme begonnen.

Sie, verehrte Leserin, verehrter Leser, hätten keine Probleme, wenn Sie nicht urteilen würden. Bitte überlegen Sie sich das einmal ernsthaft und in aller Ruhe.

Dieses Aufteilen in Gut und Böse ist eine rein menschliche Eigenschaft. Die Natur teilt nicht; die Natur richtet nicht. Stellen Sie sich vor, was geschehen würde, wenn die Sonne richten würde! Wenn die Sonne sagen würde, der Müller hat einen Menschen umgebracht, deshalb erhält er heute keine Sonne; der Meier war sehr hilfsbereit gegenüber seinen Mitarbeitern und außerdem hat er noch für ein Hilfswerk gespendet. Aus diesem Grund erhält er heute mehr Sonne. Können Sie sich das Chaos vorstellen, das dann entstehen würde? Wenn Sie es sich nicht vorstellen können, dann schauen Sie doch einfach, was der Mensch – durch sein Urteilen! – in der Welt angerichtet hat. Allzu harmonisch sieht es nicht aus. Seien wir also froh, daß wenigstens die Natur nicht urteilt.

Das kann übrigens auch in der Bibel nachgelesen werden:

Denn er (Gott) läßt seine Sonne aufgehen über Böse und Gute und läßt regnen über Gerechte und Ungerechte. (Matth. 5:44)

Es ist allein der Mensch, der verzweifelt am Urteilen festhält. Ich sehe das immer wieder in meinen Seminarien: Menschen, die am Verurteilen wie an einer positiven Errungenschaft festhalten. Es ist auch leicht ersichtlich, weshalb. Würde man das Verurteilen aufgeben, dann könnte man den Nachbarn oder irgendeinen Mitarbeiter nicht mehr verurteilen. Und den «Spaß» wollen sich viele nicht nehmen lassen. Es würde nämlich etwas ganz Außerordentliches bedeuten; es würde bedeuten, daß ich plötzlich nicht mehr besser bin als der andere! Solange ich mit dem Finger auf sogenannt böse oder schlechte Menschen zeigen kann, solange bin ich offenbar besser. Das gibt ein angenehmes Gefühl von Überlegenheit. Nur: daraus entstehen Probleme und Konflikte noch und noch.

Wenn wir ernsthaft daran interessiert wären, unsere Probleme und Konflikte zu lösen, dann müßten wir aufhören mit dem Verurteilen. Wenn wir aber ernsthaft der Meinung sind, die Welt bestehe aus Gut und Böse, dann müssen wir auch bereit sein, mit den entsprechenden Konflikten zu leben. Der Versuch, eine friedlichere Welt zu schaffen, wäre dann reine Zeitverschwendung. Die friedlichere Welt wird es nicht geben, solange wir am Verurteilen festhalten. Auf einen einzelnen Menschen – auf Sie – übertragen heißt das: ein harmonischeres Leben wird es nicht geben, solange Sie links und rechts andere Menschen – und sich selbst! – verurteilen.

Hier haben wir auch die Erklärung dafür, weshalb sowohl die Kirchen als auch die UNO und alle die zahlreichen wohlmeinenden Ethik-Vereinigungen wenig zur Lösung der Probleme beitragen können. Im Gegenteil: da auch diese Organisationen in Gut und Böse unterteilen, schaffen sie logischerweise gleichzeitig neue Probleme. Der bekannte Psychologe C.G. Jung hat es auf seine Weise ausgedrückt: «Die Tugend ist dem Menschen gefährlicher als das Laster.» Ein tugendhafter Mensch verurteilt tendenziell stärker als ein lasterhafter – und schafft somit automatisch neue Konflikte, also genau das Gegenteil dessen, was er wollte.

Es ist schwer zu verstehen, weshalb zahlreiche Menschen das nicht einsehen wollen. Beispiele gibt es viele, welche die hier dargelegte Ansicht belegen. Das eindrücklichste Beispiel aus der Politik ist für mich das Verhältnis zwischen Israel und den Palästinensern. Da hat man sich während Jahrzehnten gegenseitig bekriegt, weil der eine den anderen als böse verurteilte. Das Ergebnis ist für jedermann offensichtlich: Tausende von Toten, unsägliches Leid für viele Menschen, aber keine Fortschritte im Friedensprozeß, keine Fortschritte in der Lebensqualität. Trotz (oder wegen?) enormer Kosten ist man überhaupt nicht vorwärts gekommen. Von Ökonomie kann da sicher keine Rede sein. Und dann: ganz plötzlich droht jemand nicht mehr mit der Faust, sondern streckt die offene Hand aus. Und praktisch über Nacht kommen die Dinge ins Fließen. Es wird möglich, was während Jahrzehnten nicht möglich war – und das mit einem Minimum an Aufwand.

Und jetzt geschieht etwas Eigenartiges. Es gibt Leute, die halten trotzdem am Verurteilen fest, die wollen Konflikt, und nicht Konfliktlösung. Das ist deren Entscheid. Nur dürfen sich diese Leute dann nicht über die Toten beklagen.

Und noch etwas geschieht, oder besser gesagt: es geschieht nicht. Wir sind offenbar nicht in der Lage, das, was uns Israel und die PLO demonstriert haben, auf andere Situationen anzuwenden. Auf Konflikte im eigenen Unternehmen oder in der eigenen Familie. Das habe ich damit gemeint, als ich in der Einleitung die Außerirdischen erwähnte. Ein außerirdisches Wesen, das so alle tausend Jahre einmal bei uns hereinschaut, würde wahrscheinlich kaum große Fortschritte in unserem Denken feststellen. Daß wir jetzt definitiv wissen, daß sich die Erde um die Sonne dreht, ist zwar nicht zu verachten, aber menschlich hat es uns nicht viel weiter gebracht. Und wahrscheinlich gibt es wenige Menschen, die der Meinung sind, die Probleme seien kleiner geworden. Auch die Mondlandung hat nichts zur Lösung ethnischer Konflikte beigetragen, und die Arbeitslosen sind deshalb auch nicht glücklicher.

Die Geschichte ist voll von Beispielen analog dem von Israel und der PLO. Aber wir brauchen nicht unbedingt die Geschichte zu Rate zu ziehen, wenn wir etwas über das Aufteilen in Gut und Böse erfahren wollen. Die meisten Menschen werden dafür Beispiele in ihrem eigenen Leben finden. Wie oft geschieht uns etwas, das wir sofort als schlecht verurteilen. Im Rückblick aber, nach ein, zwei oder mehr Jahren, stellen wir fest, daß das vermeintlich Schlechte eigentlich gar nicht so schlecht war. Daß es seinen Sinn hatte. Aber im Moment des Verurteilens ist der Konflikt bereits erschaffen. Und aus ökonomischer Sicht ist ein Konflikt natürlich immer eine Verschwendung an Energie, Zeit und Geld.

Es führt kein Weg daran vorbei: wenn Sie Ihre Probleme, in welchem Bereich auch immer, wirklich lösen wollen, dann müssen Sie aufhören, die Welt in gut und schlecht zu unterteilen. Die Welt ist. Sie ist nicht gut, sie ist nicht schlecht. Sie ist. So einfach ist das, und doch so schwierig.

Wenn wir an der Unterteilung in Gut und Böse festhalten wollen, dann sollten wir uns ehrlicherweise nicht über unsere persönlichen Probleme und die Probleme in der Welt aufregen.

Die einzig sinnvolle «Aufregung» wäre die über uns selbst, über unsere Unfähigkeit, die Dualität von Gut und Böse zu überwinden.

Niemand hat uns aus dem Paradies vertrieben. Wir selbst haben uns hinausbefördert. Das Paradies ist da, nur einen einzigen Gedanken von uns entfernt, von Ihnen, liebe Leserin, lieber Leser. Machen Sie aber jetzt bitte nicht den Fehler, auf die anderen zu warten. Dann können Sie lange warten. **Es geht nicht um die Welt, es geht nicht um die anderen, es geht um Sie.** Das Paradies wartet, es ist nur ein Gedanke von Ihnen entfernt – aber Sie müssen ihn denken. **Niemand wird das jemals für Sie tun.**

Wir werden auf dieses Thema im Verlaufe des Buches immer wieder zurückkommen. An dieser Stelle ging es mir darum, das menschliche Kernproblem bewußt zu machen. Zu zeigen, wo die Trennungslinie zwischen Paradies und menschlichem Leid verläuft. Zu zeigen, daß wir uns durch unser Verurteilen täglich selbst aus dem Paradies befördern.

2. So machen Sie sich zu einem machtlosen Menschen

«Zu viel Wissen hatte ihn gehindert, zu viel heilige Verse, zu viel Opferregeln, zu viel Kasteiung, zu viel Tun und Streben!»

Hermann Hesse, Siddhartha

Die Macht des Menschen ist so gewaltig, daß er sogar die Macht hat, seine Macht wegzugeben und sich zu einem völlig machtlosen Geschöpf zu machen. Und von dieser Möglichkeit machen wir Menschen ausgiebig Gebrauch. Es scheint, als ob dies eine der Lieblingsbeschäftigungen des Menschen wäre. In meinen Seminarien beobachte ich immer wieder, wie Menschen heftig dafür kämpfen, als machtlos zu gelten. Nichts regt gewisse Menschen mehr auf als die Äußerung, sie seien machtvolle Wesen. Der Grund dafür ist klar: ein Mensch, der wirklich Macht hat, ist für sein Leben verantwortlich. Und das geht einigen dann doch zu weit. Viel lieber ist man das Opfer; dann hat man wenigstens die Möglichkeit, sich zu beklagen und andere für das eigene Elend verantwortlich zu machen.

Wenn Sie zu diesen Menschen gehören, dann ist dieses Buch im heutigen Zeitpunkt für Sie nicht geeignet. Vielleicht schauen Sie in zehn Jahren wieder einmal hinein.

Nachfolgend wollen wir einige der «Tricks» besprechen, die wir Menschen anwenden, um uns zu machtlosen Geschöpfen zu machen.

2.1 Die Angst

Die Angst beeinflußt viele Menschen. Denken wir dabei an die Angst vor Krankheit, vor Unfall, vor der Rezession, vor einer Entlassung. Oder ganz einfach die Angst vor dem Chef, oder vor den Mitarbeitern. Zu erwähnen ist auch die Angst vor Verantwortung und vor anderen Meinungen. Die Angst vor Einbruch, Aggressionen, kriegerischen Auseinandersetzungen. Die Aufzählung könnte beliebig verlängert werden.

Um diese Angst in gewissen Grenzen zu halten, haben wir uns unter anderem zwei Dinge einfallen lassen: die Versicherungen und den Sozialstaat. Beides bietet dem Menschen zumindest ein materielles Auffangnetz. Wie groß offenbar die Angst sein muß, kann direkt an der Bedeutung dieser zwei Institutionen abgelesen werden. Es sind enorme Geldsummen, die dort zusammenfließen und verwaltet werden. In einer materiellen Welt ist es naheliegend, eine gewisse Sicherheit mit Geld zu kaufen.

Das tiefere Problem liegt darin, daß wir innerlich unsicher sind. Unsicherheit führt zu Angst, und Angst führt nicht nur zu den Versicherungen, Angst führt auch zu Kampf, zu Abwehr, zu Aggression. Je mehr Unsicherheit, desto mehr Angst, desto mehr Abwehr, desto mehr Aggressionen. Ein Mensch, der sich unsicher fühlt, ist natürlich ein machtloser Mensch. Ein wirklich mächtiger Mensch wird sich logischerweise nicht unsicher fühlen und das bedeutet: er wird keine Angst haben.

Die Angst ist somit ein Problem der menschlichen Unsicherheit. Unsicherheit ist mangelndes Vertrauen in sich selbst und/oder in die Welt. Und jetzt nähern wir uns behutsam einer interessanten Überlegung. Die meisten Menschen gehören einer

Religion an und glauben somit an einen Gott. Normalerweise ist das ein sehr mächtiger, ein allmächtiger Gott. Wenn nun Menschen, die an Gott glauben, Angst haben und Versicherungen abschließen, dann heißt das doch nichts anderes als:

Vertrauen in Gott ist gut, aber eine Versicherung ist besser. (!)

Uns fehlt schlicht und einfach das fundamentale Vertrauen in Gott, oder in das Leben, oder wie immer Sie diese Kraft nennen wollen. Wäre dieses Vertrauen vorhanden, gäbe es die Angst nicht. Obwohl die meisten Menschen einer Religionsgemeinschaft angehören, sind wir im Grunde doch eine gottlose Gesellschaft. Dies ist kein Werturteil, sondern eine reine Feststellung von Tatsachen. Es sagt auch nichts aus gegen Versicherungen; es ist völlig in Ordnung, Versicherungen abzuschließen, wenn das Vertrauen in das Leben fehlt. Auf das Thema Vertrauen werden wir bei der eigentlichen Behandlung des LOLA-Prinzips wieder zurückkommen.

Was uns an dieser Stelle interessiert, sind die Auswirkungen der Angst. Angst führt dazu, daß wir uns an Dogmen, an Urteilen, an Glaubenssystemen, an einer bestimmten Arbeitsstelle, an einem bestimmten Menschen festhalten. Wir glauben, diese gäben uns Sicherheit, Identität, Orientierung. Die Folge davon ist gravierend: durch das Festhalten blockieren wir das Leben, wir blockieren unsere eigene Entwicklung. Was man festhält, kann sich nicht mehr bewegen. Was sich nicht mehr bewegen kann, stirbt. Das ist keine Theorie, sondern tägliche Praxis. Ein Kunde hat mir von einem Mitarbeiter berichtet, der innerhalb von sechs Monaten an Krebs gestorben ist. Dieser Mitarbeiter hat sich krampfhaft überall festgehalten.

Kürzlich habe ich eine erstaunliche Theorie gehört. Eine Dame hat erzählt, Angst sei nötig, weil sie uns vor Gefahren schütze. Man stelle sich diesen Aberglauben vor: Angst schützt uns vor Gefahren! Wenn ich also unfallfrei von A nach B fahren will, dann brauche ich nur Angst zu haben, dann geschieht mir nichts. Das Umgekehrte ist natürlich der Fall: Angst zieht das Gefürchtete an. Vertrauen schützt mich zweifellos besser vor einer Gefahr als Angst. Das ist es doch, was ein Außerirdischer niemals verstehen wird! Wo bleibt da die Logik, wo bleibt der gesunde Menschenverstand? Wozu soll Angst gut sein? Angst ist das Gegenteil von Liebe und ist für nichts gut. (Wir werden auf dieses Thema zurückkommen.) Der menschliche Verstand treibt hin und wieder sonderbare Blüten.

Was ich hier schreibe, ist natürlich nichts Neues. Wer will, kann in der Bibel nachlesen, daß Angst das Gefürchtete anzieht und daß Sorgen unbegründet sind. Das weiß nicht nur das Christentum, sondern auch der Islam. Mohammad Iqbal, der spirituelle Führer von Dutzenden von Millionen von Arabern schreibt zum Thema Angst unter anderem: «Die Verzweiflung ist Gift für das Leben ... Die Machtlosigkeit ist die Frucht der Verzweiflung ... Oh Du, Gefangener Deiner Sorgen, lerne vom Propheten die Botschaft ‹Sorge Dich nicht›.» Und was im Zusammenhang mit unserem LOLA-Prinzip noch konkreter und handfester ist: «Die Angst beraubt den Fuß der Kraft zum Vorwärtskommen und sie nimmt deinem Intellekt die Fähigkeit zum Denken.»

Die Grundsätze aus dem LOLA-Prinzip sind sehr schön auch im Sport zu beobachten. Angst führt zu einer Verkrampfung und somit niemals zur vollen Leistung. Im Curling beispielsweise werden Steine, bei deren Abgabe Angst im Spiel ist, «Angststeine» genannt. Ein solcher Stein kommt natürlich niemals so zu liegen, wie der Spieler sich das vorgestellt hat. Angst, so klein sie auch sein mag, stört den harmonischen Fluß des Lebens. Das gilt für den Sport, für den Beruf, für das Privatleben und für die Politik.

Wir fassen zusammen: die Angst entspringt einem fundamentalen Mangel an Vertrauen in das Leben und führt einerseits zu entsprechenden Abwehrreaktionen (Kampf) und andererseits blockiert sie nicht nur das Leben generell, sondern ganz konkret die Energie und die Denkfähigkeit des betreffenden Menschen.

Die Angst hilft Ihnen bestimmt nicht, Ihre Probleme optimal zu lösen und Ihre Ziele rasch zu erreichen.

2.2 Die Sünde

Bei unseren Betrachtungen über den machtlosen Menschen kommt der Sünde eine wichtige Rolle zu.

Die Sünde ist außerordentlich praktisch, um die Menschen zu beherrschen, um sie abhängig zu machen. Der Mechanismus, der dahinter steckt, ist einfach und seit Jahrtausenden bewährt:

Man erklärt den Menschen, «ihr seid alle Sünder.» Somit haben sie ein schlechtes Gewissen. Und weil sie ein schlechtes Gewissen haben, sind sie manipulierbar. Das ist bei Erwachsenen so, und das ist bei Kindern so. Sobald jemand ein schlechtes Gewissen hat, bekommt man von ihm Dinge, die man sonst nicht bekommen würde. Der Trick geht jetzt so: man läßt ihn natürlich mit seinem schlechten Gewissen nicht allein. Man ist ja kein Unmensch. Man zeigt dem armen Sünder den Weg zu seiner Erlösung, den Weg zum Heil. Er braucht nur dieses oder jenes zu tun – oder zu bezahlen – und siehe da, seine Sünden sind weggenommen. Das geht oft ganz einfach und schnell. Wichtig ist jetzt aber, daß sich der Mensch trotzdem nicht sicher fühlt, sonst könnte es ihm zu wohl werden und er wäre nicht mehr so leicht kontrollierbar. Es geht also darum, ihm klar zu machen, daß die Sünde wie eine Drohung ständig über ihm schwebt. So ist er viel leichter manipulierbar.

Wörtlich hört sich das Ganze dann jeweils wie folgt an. Ein Berufener (von wem berufen?) erklärt der versammelten Menge mit feierlicher Stimme: «Ihr seid alle Sünder. Kommet zu mir (solange es noch Zeit ist), ich zeige euch den Weg zur Erlösung von euren Sünden.»

Dieses Prinzip funktioniert tadellos. Unerklärlich ist aber, weshalb die Menschen das mit sich machen lassen. Weshalb geben so viele Menschen ihre Macht weg an andere Menschen? Und woher nehmen diese anderen Menschen das Recht, über Sünde und Nicht-Sünde zu entscheiden? Woher nimmt ein Mensch das Recht, über andere Menschen zu urteilen?

Die Sünde ist kein Naturgesetz. Sie ist eine reine Erfindung des Menschen mit dem einzigen Zweck, seine Mitmenschen zu beherrschen. Solange ein Mensch das mit sich machen läßt, wird er nie zu einem wirklich machtvollen Menschen.

Es geht hier nicht darum, die Sündenprediger zu verurteilen. Wer dieses Spiel mit der Sünde mitmacht, ist selbst verantwortlich; niemand zwingt ihn dazu.

Unverständlich ist, weshalb viele Menschen freiwillig ihre Macht an andere Menschen abgeben. Unverständlich ist auch, weshalb dies sogar im Christentum funktioniert. Kürzlich habe ich in einer christlichen Bibelzeitschrift folgenden Satz gelesen: «Wir brauchen beides – den Messias, der als Richter der Nationen kommt, und Menschen, die willens sind, sich einer neuen Ethik zu unterwerfen.»

Man stelle sich vor: der Messias soll die Nationen richten! Offenbar deshalb, weil alle Sünder sind. Die Frage sei erlaubt: Was bringt uns das? Was bringt es, wenn die Nationen gerichtet werden? Und welche Nation wird mehr, und welche weniger gerichtet? Und ist die betreffende Nation besser, nachdem sie gerichtet wurde? Das Ganze macht keinen Sinn. Das wußte auch Jesus. Es sind jetzt rund zweitausend Jahre vergangen, seit er sich zu diesem Thema auf eindrückliche Weise geäußert hat:

«Richtet nicht, auf daß ihr nicht gerichtet werdet.»

Und was tun wir? Wir werden nicht müde, andere Menschen zu richten. Wenn wir jemanden als Sünder etikettieren, dann richten wir ihn. Wir machen also genau das, was der Begründer des Christentums abgelehnt hat. Und wir nennen uns Christen!

Es ist unverständlich, weshalb sich viele Menschen freiwillig zu machtlosen Wesen machen, indem sie sich zu Sündern erklären. Das Ergebnis sehen wir rund um uns. Gegenseitige Beschuldigungen, Aggressionen, Kriege und vor allem: die Unfähigkeit, unsere Probleme zu lösen.

Wie man aus einem machtvollen Wesen ein schwächliches, degeneriertes Wesen machen kann, illustriert eine eindrückliche Geschichte aus dem Orient:

Auf einer Wiese weidete friedlich eine Herde Schafe. Plötzlich tauchten aus dem umliegenden Wald Löwen auf und warfen sich auf die Herde. Die Wiese war getränkt vom Blut der Schafe. Die Löwen blieben und beraubten die Schafe ihrer früheren Freiheit. Die Schafe litten sehr, denn sie waren vollständig der überlegenen Macht der Löwen ausgeliefert. Die Schafe taten sich zusammen und besprachen ihre Situation. So auf jeden Fall konnte es nicht weitergehen. Es ergab sich, daß unter den Schafen ein altes und schlaues Schaf war, das folgende Überlegungen anstellte: «Durch die Kraft können wir den Löwen nicht entrinnen; wir können uns nicht in Löwen verwandeln. Aber etwas ist möglich; wir können aus den wilden Löwen zahme Schafe machen. Wir können die Löwen dazu bringen, daß diese ihre eigene Natur vergessen; das ist möglich.» Die anderen Schafe willigten in einen Versuch ein. So begann das inspirierte Schaf mit seiner Botschaft an die blutdürstigen Löwen. Es rief: «Oh, ihr unverschämten Lügner, ihr, die ihr nichts wißt von der ewigen Verdammnis! Ich besitze die spirituelle Macht, ich bin ein Gesandter Gottes für die Löwen. Ich bin das Licht für das verdunkelte Auge, ich komme, um

Gesetze zu erlassen und Befehle zu erteilen. Laßt ab von euren schändlichen Taten! Ihr, die ihr das Böse in euch habt, denkt an das Gute! Wer wild und brutal ist, ist ein Tyrann. Die gerechten Wesen ernähren sich nicht von Fleisch, sondern von Gras. Den Vegetarier hat Gott lieb. Eure spitzen Zähne sind eine Schande für euch. Das Paradies gehört den Schwachen. Es ist schlecht, nach Wohlstand zu trachten; die Armut ist Gott wohlgefälliger als der Reichtum. Anstatt Schafe zu töten, töte dein Selbst und du wirst belohnt werden! Ihr müßt verrückt sein, wenn ihr euer Selbst nicht vergeßt. Schließt eure Augen, schließt eure Ohren, schließt eure Lippen, damit eure Gedanken den höchsten Himmel erreichen können. Diese Weide ist nichts, ist Illusion, gebt euch nicht mit einer Illusion zufrieden!» So sprach das schlaue Schaf. Und es kam, wie es kommen mußte. Die Löwen, ermüdet von ihrem ständigen Kampf, machten sich langsam die Religion der Schafe zu eigen. Sie begannen Gras zu fressen, ihre Zähne wurden langsam stumpf, das schreckliche Leuchten in ihren Augen verschwand; langsam schwand auch der Mut aus ihren Herzen. Sie verloren die Fähigkeit zu herrschen, sie verloren ihr Ansehen, ihre Macht, ihren Wohlstand. Ihre körperliche Kraft schwand dahin, während ihre spirituelle Angst wuchs. Die Angst vor dem Tod, die Angst vor dem göttlichen Gericht nahm ihnen den Mut. Die Angst produzierte zahllose Krankheiten, die sie vorher nie gekannt hatten. Armut und kleinliches Denken hielten Einzug in die Herde der einst machtvollen Löwen. Die Schafe hatten es geschafft, die Löwen einzuschläfern. Die Löwen nannten diesen Niedergang «Die moralische Kultur».

Und die Moral von der Geschicht'? Wenn Sie es schaffen, einen Menschen von dessen sündhaftem Lebenswandel zu überzeugen und ihm Angst einzuflößen, dann machen Sie aus ihm einen schwächlichen Menschen und können ihn auf einfache Art beherrschen.

Wenn Sie eine Sekte gründen wollen: Hier haben Sie das seit Jahrtausenden bewährte Rezept dazu.

Oder positiv formuliert: lassen Sie sich von niemandem einreden, Sie seien ein Sünder. Fragen Sie sich vielmehr, was die Beweggründe dafür sein könnten, daß er aus Ihnen einen machtlosen Menschen machen will. Und fragen Sie sich bitte auch, wie die Sünde in ein Weltbild der christlichen Liebe hineinpassen könnte. Sie kann es nicht, weil sich bedingungslose Liebe und Sünde (Richten) gegenseitig ausschliessen.

2.3 Das Abschieben der Verantwortung

Das Abschieben der Verantwortung ist ein beliebtes Gesellschaftsspiel. Ich will zu zeigen versuchen, daß es sich hier wiederum um ein Abschieben von Macht handelt.

Uns allen sind doch folgende Sätze genügend bekannt: «Der Müller ist schuld.» «Die Regierung ist schuld.» «Die Rezession ist schuld.» «Mein Chef ist schuld.» etc. Erstens mache ich Sie darauf aufmerksam, daß in dem Wort «schuld» wiederum die Idee der Sünde steckt. Diese Idee ist offenbar auch in unserer Sprache tief verwurzelt. Wenn jemand «schuld» ist, dann bedeutet das doch: er ist schuldig, sündig. Und schon haben wir ihn gerichtet. Zweitens – und darum geht es in diesem Kapitel – bedeutet dies, daß offenbar der andere (der Müller, die Regierung, ...) Macht hat und ich nicht. Wenn ich nichts tun kann, dann habe ich keine Macht, dann bin ich vom anderen abhängig. Anders ausgedrückt heißt das auch: ich bin das Opfer. Der andere ist der machtvolle Täter. In den Medien wird täglich von Opfern berichtet. Das Opferspiel ist äußerst beliebt, weil es praktisch ist. Wer sich als Opfer bezeichnen kann, der hat normalerweise die Mehrheit der Menschen auf seiner Seite, und er erhält Zuneigung und Aufmerksamkeit, ja vielleicht sogar Bewunderung, sofern er sein schweres (Opfer-)Los tapfer trägt.

Eines aber wird dabei völlig vergessen: Opfer sein heißt machtlos sein. Ist das eines Menschen würdig? Ist der Mensch darauf ausgelegt, das machtlose Opfer irgendwelcher nicht kontrollierbarer Kräfte zu sein? Wenn das tatsächlich so wäre, dann hätten wir Menschen aus meiner Sicht eine völlig inakzeptable Existenz, eine menschenunwürdige Existenz.

Es ist erschreckend zu sehen, wie Menschen verbissen an ihrer eigenen Machtlosigkeit festhalten. Das geht teilweise bis zur Aggression. Es gibt Menschen, die **wollen** Opfer anderer Menschen sein, die **wollen** Opfer eines Unfalls sein, die **wollen** Opfer einer Krankheit sein. **Das ist Aberglauben aus dem tiefsten Mittelalter – mitten in einer hochtechnisierten Gesellschaft!**

Folgendes Beispiel soll zeigen, wie unvernünftig, wie unlogisch unser Denken oft ist. Nehmen wir den Verkaufsleiter eines Unternehmens. Er arbeitet seit sieben Jahren in diesem Unternehmen. Obwohl das wirtschaftliche Umfeld schwierig ist, hat er seine Stelle bisher nicht verloren, und er ist überzeugt, daß er weiterhin in diesem Unternehmen arbeiten wird. Die Tatsache, daß es so gut geht, schreibt er seinen Fähigkeiten zu. Das bedeutet: er übernimmt die Verantwortung für seine Situation. So weit so gut. Plötzlich wird er entlassen. Und jetzt beginnt es: er sucht Schuldige. Der Chef ist schuld, oder die Rezession, oder jener Kunde, der ihm den großen Auftrag versprochen, aber dann doch nicht gegeben hat.

Das ist doch unser «normaler» Denkmechanismus: solange es für uns gut läuft, fühlen wir uns verantwortlich; sobald etwas geschieht, das uns nicht paßt, suchen wir die Verantwortlichen anderswo. Wenn ich mit meinem Auto unfallfrei von A nach B fahre, dann klopfe ich mir stolz auf die Schulter, schließlich bin ich ein guter Autofahrer. Wenn mir aber ein Unfall geschieht, dann hat der andere nicht aufgepaßt, oder das Wetter war schuld, oder, oder. Nach Gutdünken schieben wir die Verantwortung einmal dahin und einmal dorthin. Und nehmen sie immer dann zu uns, wenn wir erfolgreich waren.

Ein beliebtes Spiel war eine zeitlang das Abschieben der Verantwortung auf die Eltern. Das ist sehr praktisch. Man kann dann beispielsweise einen Menschen umbringen oder vergewaltigen und erklären «Ich hatte eben eine schwere Jugend».

Und die betroffenen Eltern ihrerseits konnten wieder auf ihre eigene schwere Jugend verweisen, die natürlich dazu geführt hat, daß die Erziehung der Kinder darunter gelitten hat. Und so weiter und so fort. Aber so kommen wir nicht weiter.

Wir sind Weltmeister im Erfinden von Ausreden, im Suchen von Schuldigen. Die Bücher darüber füllen ganze Bibliotheken. Solange wir daran festhalten, machen wir uns zu machtlosen Wesen und haben keine Chance, unsere Probleme zu lösen.

Wir sind immer nur das Opfer unseres eigenen Denkens. Unsere Macht ist so groß, daß wir uns zu machtlosen Opfern machen können, wenn wir wollen. Und aus irgendeinem unerklärlichen Grund wollen das offenbar viele Menschen.

2.4 Die Einmischung

Zahlreiche Menschen haben den unwiderstehlichen Drang, sich überall einzumischen, den anderen zu sagen, was sie falsch gemacht haben, was sie anders machen sollten. Diese Einmischung erfolgt natürlich immer im Namen der Tugend. Man ist ja kein Unmensch, man will ja helfen, schließlich weiß man es besser. Was heißt da besser? Wer entscheidet denn darüber, was besser ist? Darüber entscheiden die Guten. Wer sind die Guten? Wer entscheidet darüber, wer die Guten sind? Natürlich die Guten selbst. Und wenn sich die Schlechten auch als Gute bezeichnen – was in der Politik üblich ist? Was dann?

Wir befinden uns hier voll im Konflikt. Einmischung hat praktisch immer mit Urteilen zu tun; Urteile erzeugen immer Konflikte. Menschen mit inneren Konflikten versuchen Konflikte bei anderen Menschen zu lösen; das geht einfach nicht. Das ging in der ganzen bisherigen Menschheitsgeschichte nicht, das geht heute nicht, und das wird in tausend Jahren noch immer nicht gehen.

Auch die UNO ist nicht in der Lage, mit ihren Interventionen die Zahl der Konflikte zu verringern. Wenn ein Konflikt scheinbar gelöst ist, tauchen zwei neue auf. Noch nie mußte die UNO an so vielen Orten gleichzeitig eingreifen. Das ist Oberflächentherapie; es sieht schön aus, man kann sich auf die Schulter klopfen und zufrieden schlafen gehen. Gelöst ist damit gar nichts. Die Konflikte nehmen zu.

Oder denken wir an die Religionen. Wir (die Christen) können froh sein, daß weder im Islam noch im Buddhismus die Idee der Missionierung – das heißt der Einmischung – von Bedeutung ist. Eine kleine Ahnung davon, was sonst geschehen könnte, bietet der islamische Fundamentalismus. Im Westen ist die Angst vor einer solchen Entwicklung beträchtlich.

Wir brauchen aber nicht so weit zu gehen. Wie oft mischen wir uns in die Angelegenheiten uns nahestehender Menschen ein? Frau Müller hat ja keine Ahnung von der Kindererziehung! Und der Meier hat seinen Rasen seit über drei Wochen nicht mehr gemäht. Und wenn der Hofer so weitermacht, wird er noch seine Stelle verlieren. Frau Amrein muß ja krank werden, bei dem Lebenswandel!

Wir wissen, wie es geht. Die anderen wissen es nicht – oder zumindest nicht richtig.

Dumm ist nur, daß die anderen das Gleiche über uns denken. Das nennt man gegenseitige Einmischung. Dies ist einer der Gründe dafür, daß die Konflikte nicht kleiner werden, daß wir uns im Kreise drehen. Die Geschichte der Menschheit zeigt es uns.

Ein anderer Gedanke, den wir hier aber nicht weiterverfolgen wollen, ist dieser: es gibt immer Menschen, die von Konflikten profitieren – und somit logischerweise nicht an der Lösung dieser Konflikte interessiert sind.

2.5 Das Suchen in der Außenwelt

«Wenn jemand sucht, dann geschieht es leicht, daß sein Auge nur noch das Ding sieht, das er sucht, daß er nichts zu finden, nichts in sich einzulassen vermag, weil er nur immer an das Gesuchte denkt, weil er ein Ziel hat, weil er vom Ziel besessen ist. Suchen heißt: ein Ziel haben. Finden aber heißt: frei sein, offen stehen, kein Ziel haben. Du, Ehrwürdiger, bist vielleicht in der Tat ein Sucher, denn, deinem Ziel nachstrebend, siehst du manches nicht, was nah vor deinen Augen steht.»

Hermann Hesse, Siddhartha

Wir haben uns angewöhnt, immer außerhalb von uns selbst nach Hilfe, nach Lösungen für Probleme, nach Antworten auf unsere Fragen zu suchen. Auch das zeigt wiederum, daß wir offenbar unserer eigenen Macht und Weisheit nicht vertrauen. Daß wir einmal mehr unsere Macht an andere abgeben.

Außen müssen wir nur dann nach Antworten suchen, wenn innen nichts ist. Somit müssen wir annehmen, daß viele Menschen von ihrem Inneren nicht sehr viel halten.

Wo suchen wir denn konkret in der Außenwelt nach Antworten?

Wir springen zu Experten, zu Ärzten, zu Psychologen, zu Juristen, zu Astrologen, zu Graphologen, zu Hellsehern etc. Die anderen sollen für uns denken, sollen unsere Probleme lösen. Das ist eine gefährliche Sache; wir delegieren nämlich das Denken. Die anderen sind alles, wir sind nichts.

Schön läßt sich das beobachten an den Heerscharen, die zu Gurus in Indien, Tibet, Japan usw. pilgern. Man traut den andern zu, was man sich selbst nicht zutraut. Und genau das verhindert die eigene Entwicklung. Es sind immer Bewegungen, die vom betroffenen Menschen wegführen.

Wohlgemerkt: es ist in Ordnung, wenn sich jemand an außenstehende Autoritäten wendet. Nur sollte er dann wissen, was er tut: er gibt seine Macht ab an eine Autorität, die außerhalb von ihm steht. Ob seine Probleme dadurch gelöst werden, ist zweifelhaft.

Einige Beispiele mögen dies belegen:

Eine junge Dame hat einen Astrologen aufgesucht, weil sie nicht mehr richtig weiter wußte. Sie erfuhr dort, daß es ab dem 15. September aufwärts gehen werde. Sie hat sich damit zu einem völlig machtlosen Geschöpf gemacht: vor dem 15. September kann sie nichts tun, da geht es ohnehin schlecht; nach dem 15. September muß sie nichts tun, da geht es ohnehin gut. Sie hat sich total unter die Macht der Sterne gestellt. Ist das ein menschenwürdiges Leben? Das ist kein Mensch, das ist eine machtlose Marionette.

Ein zirka 45jähriger Mann mußte sich einer Herztransplantation unterziehen. Es gab anschließend Komplikationen und der Mann reiste während drei Jahren von einem Spezialisten zum anderen. Er konnte nicht mehr arbeiten, war aber mittlerweile selbst zum medizinischen Spezialisten geworden, weil er sich nur noch mit seiner Krankengeschichte beschäftigte und alle möglichen Therapien ausprobierte. Nichts half. Sein Zustand verbesserte sich nicht. Als er zum ungezählten Male wieder bei seinem Herzspezialisten war, erklärte ihm dieser ehrlich: «Wir können nichts mehr für sie tun. Jetzt müssen sie sich selbst helfen; sie müssen ihre Reserven mobilisieren.» Denken Sie, der Mann hätte dies getan? Auf keinen Fall. Seine ganze

Macht gab er Ärzten, Therapien, Methoden – er wehrte sich mit Händen und Füßen gegen die Einsicht, daß er selbst etwas tun könnte, daß er Macht über sein Leben habe. Er wollte offenbar viel lieber als Opfer sterben. Als ich ihn nämlich das letzte Mal sah, hat er mir gesagt, wahrscheinlich werde er sterben, wenn es so weitergehe. Ich habe ihm zu dieser Erkenntnis gratuliert und ihm gesagt, es sei natürlich sein gutes Recht, zu sterben. Ebenso habe ich ihm aber auch versichert, daß er bestimmt nicht sterben müsse, wenn er sich endlich auf sich selbst, auf seine eigene Macht besinne. Das wollte er auf keinen Fall! Dann hätte er nämlich etwas tun müssen, und nicht mehr die Ärzte. Dann wäre er für seinen Zustand verantwortlich gewesen, und nicht mehr irgendein ungerechtes Schicksal, über das er sich beklagen konnte. Offenbar sterben einige Menschen lieber, als daß sie die Verantwortung für ihr Leben übernehmen und bei sich selbst suchen. Ich habe den erwähnten Mann aus den Augen verloren und weiß nicht, ob er heute noch lebt.

Es ist nie Aufgabe anderer Menschen, unsere Probleme zu lösen. Ein schönes Beispiel dafür liefert im Bereich der Politik die Entwicklungshilfe an Afrika. Nichts bremst diesen Kontinent stärker in seiner Entwicklung als von außen kommende Entwicklungshilfe. Zu dieser Erkenntnis sind auch Afrikaner gekommen, die der Meinung sind, der durch die Entwicklungshilfe angerichtete Schaden sei größer als der Nutzen. Wenn wir darauf warten, bis uns jemand von außen hilft, dann machen wir uns zu hilflosen Menschen. Das heißt: einmal mehr setzen wir unsere Macht dazu ein, unsere Macht wegzugeben.

Diese Idee der Hilfe von Außen ist offensichtlich tief in uns verwurzelt. Ich war betroffen, als ich in einer Zeitschrift folgenden Satz las: «Auch heute noch wartet die Welt auf den einzigen, der für immer den Frieden auf Erden errichten kann – den Messias. Und genauso wartet sie auf ein neues Herz, auf ein neues Denken, das ihr nur durch den Geist Gottes zuteil werden kann.» (!)

Wie praktisch. Dann brauchen wir also weiter nichts zu tun, als zu warten. Wie lange wohl noch? In der Zwischenzeit schlagen wir uns gegenseitig die Köpfe ein und erklären, daß das «neue Denken» bei uns eben noch nicht stattgefunden habe, weil uns der Geist Gottes noch nicht aufgesucht hat. Wirklich sehr praktisch. Nur glaubt wahrscheinlich niemand, daß wir auf diese Weise weiterkommen. In einer solchen Philosophie sind gleich zwei Elemente der Machtabgabe zu erkennen: erstens wird die Verantwortung für Frieden elegant einem anderen in die Schuhe geschoben und zweitens wird die Hilfe von Außen erwartet. Also, dann warten wir mal.

Eine Frage bewegt mich aber sehr: Wenn uns der Friede und ein neues Denken der Menschheit nur durch den Geist Gottes zuteil werden kann – worauf wartet dann Gott noch? Sind nicht genügend Kriege gefochten worden, genügend Menschen umgekommen? Ich meine: er (Gott) läßt sich reichlich Zeit mit seinem Eingriff zugunsten der Menschheit. Oder handelt es sich hier vielleicht um ein in der Informatik bekanntes Problem? Wir warten auf Gott, Gott wartet auf uns. Das führt zur totalen Blockierung der Situation. Das Problem ist nur zu lösen, wenn einer mit Warten aufhört.

Meine Empfehlung wird im Verlaufe dieses Buches dahin gehen, daß der Mensch mit dem Warten aufhört; mit dem Warten auf Hilfe von Außen.

Erlauben Sie mir, hier nochmals den islamischen Philosophen Mohammad Iqbal zu zitieren, um zu zeigen, auf welche Art sich seine Religion mit dem hier besprochenen Thema befaßt hat: «Gott liebt den Menschen, der sein Leben verdient.

Unglück über jenen, der sich vom Tische eines anderen ernährt. ... Er hat seine Ehre für ein Geldstück verkauft. Glücklich jener Mensch, dürstend unter der Sonne, der nicht um einen Becher Wasser bittet. Seine Stirn ist nicht feucht von der Schande der Bettelei; er ist noch ein Mensch, kein Stück Lehm. Dieser ehrenwerte junge Mann geht erhobenen Hauptes wie ein Baum. Sind seine Hände leer? Er ist umso mehr Meister seiner selbst ... Ein ganzer Ozean, durch Bettelei erhalten, ist nichts weiter als ein Meer von Feuer.»

Soweit Mohammad Iqbal. Könnte darin einer der Gründe für unsere Angst vor dem Islam liegen? Vergleichen Sie doch obigen Text einmal mit unseren liebgewonnenen Vorstellungen über die sogenannten sozialen Errungenschaften der westlichen Industrienationen. Über das weiche soziale Auffangnetz für die scheinbar machtlosen Menschen. Die Unterschiede sind frappant.

Dort (im Islam) wird von der Macht und der Meisterschaft des Menschen gesprochen. Davon handelt dieses Buch.

Wir aber, in unseren gesättigten Industriegesellschaften, tragen hundertprozentige Knechtschaft zur Schau, weil wir von zu vielen Dingen außerhalb von uns abhängig sind. Das kann nie und nimmer der Weg zur Lösung unserer Probleme sein. Nicht für eine Nation und nicht für einen einzelnen Menschen.

2.6 Die Komplexität des Lebens

Ich bin der festen Überzeugung, und ich werde dies auch zu begründen versuchen, daß die Wahrheit einfach ist, einfach sein muß. Oder soll etwa die Wahrheit nur einer kleinen Elite überdurchschnittlich intelligenter Menschen vorbehalten sein?

Die tägliche Realität sieht allerdings so aus, daß alles immer unheimlich kompliziert dargestellt wird. Das ist sehr praktisch für die Experten. Sie können sich dann von den gewöhnlich Sterblichen deutlich abheben und werden dafür entsprechend bezahlt und verehrt. Es gibt Menschen, die erst dann von etwas überzeugt sind, wenn sie es nicht mehr verstehen. Und es gibt Menschen, die dann von etwas nicht überzeugt sind, wenn sie es verstehen. Das klingt seltsam, aber es ist so. In meinen Seminaren höre ich hin und wieder den Ausruf: «Nein, so einfach kann es nicht sein!» Auch hier wieder die Weigerung, sich selbst Macht zuzugestehen. Denn darum geht es ja; wenn etwas einfach ist, dann können wir es auch anwenden. Oder ist es vielleicht die Angst davor, tatsächlich etwas im eigenen Leben verändern zu müssen, wenn es doch so einfach ist? Wäre es nämlich kompliziert, dann hätte man immer eine Ausrede. Es ist schwierig, es braucht Zeit, die andern können es auch nicht. Aber wenn es einfach ist, gibt es keine Ausrede mehr, außer jener, «so einfach kann es nicht sein».

Sogar die allerneueste Chaosforschung hat festgestellt, daß selbst die komplexesten Gebilde aus ganz einfachen Strukturen zusammengesetzt sind. Wenn wir genug tief blicken, werden die Dinge ganz einfach. Wenn wir uns aber an der Oberfläche bewegen, wenn wir beginnen, wissenschaftlich zu analysieren, dann wird alles enorm komplex und schwierig.

Nehmen wir ein Beispiel:

Marschieren scheint eine einfache Sache zu sein. Praktisch jedermann kann das. Wenn wir aber den ganzen Vorgang des Gehens analysieren würden, dann könnten ganze Bibliotheken mit Analysen gefüllt werden – und trotzdem würden wir vermutlich den Vorgang des Gehens nicht begreifen. Es wäre wohl niemandem möglich, das Gehen anhand solcher Bücher zu lernen – obwohl das Gehen eigentlich ganz einfach ist, **wenn man es praktiziert.** So können wir alles, wenn wir wollen, so verkomplizieren, daß nur noch wenige Eingeweihte etwas davon verstehen.

Das Beispiel mit dem Gehen mag vielleicht keine weiteren Folgen haben. Etwas folgenreicher ist es aber, wenn wir das Thema Liebe behandeln. Dieses Thema ist einem späteren Kapitel vorbehalten; hier deshalb nur soviel: über die Liebe kann hochkompliziert philosophiert werden, mit dem Ergebnis, daß niemand mehr weiß, was Liebe ist. Und vor allem führt das dazu, daß die Liebe nicht praktiziert wird. Praktizierte Liebe ist einfach; aber die Liebe zu definieren, zu analysieren, ist hochkompliziert, so kompliziert, daß für die Liebe keine Zeit mehr übrig bleibt. Wenn ich meinen Seminarteilnehmern jeweils erkläre, mit Hilfe der Liebe sei jedes menschliche Problem lösbar, dann gibt es solche, die verlieren sich in eine Riesendiskussion mit Wenn-und-Aber. Alles wird plötzlich hochkompliziert und das liefert dann wiederum die Begründung dafür, daß man nichts tun muß. Weil es ja offenbar doch nicht so einfach ist.

Ein bekannter und angesehener Vertreter der Medizin und der Psychologie, Balthasar Staehelin, hat schon anfangs der 70er Jahre in seinem Buch «Die Welt als Du» folgenden Satz geschrieben: «Überall vermissen wir in der heutigen Medizin und Psychologie das Wahre als das auch Einfache.» Wohin dieses Vermissen des Einfachen in der Medizin geführt hat, sehen wir in der Zwischenzeit an der Kostenexplosion im Gesundheitswesen.

Wir haben ein Gesundheitswesen von einer Komplexität, die nicht mehr zu bezahlen ist. (Zwanzig Jahre nachdem Staehelin darauf aufmerksam gemacht hat!) Auch andere Länder haben dieses Problem. Kürzlich habe ich im französischen Radio eine umwerfende Erkenntnis gehört. Ein Fachmann hat zum Thema Kostenexplosion im Gesundheitswesen zu bedenken gegeben, daß drei Ultraschall-Behandlungen während einer Schwangerschaft durchaus genügen. Ich frage mich allen Ernstes: wie sind die Babys früher zur Welt gekommen? Und wie schaffen es die Inderinnen, die Afrikanerinnen, die Südamerikanerinnen, ohne Ultraschall eine Bevölkerungsexplosion zu erzeugen? Es gibt Leute, die nennen unsere komplexe Hochtechnologie Fortschritt; meiner Meinung nach ist dies viel eher ein Zeichen geistiger Verwirrung.

Wie Balthasar Staehelin bin auch ich der festen Überzeugung, daß die Wahrheit einfach ist, sehr einfach sogar.

Wir täten besser daran, über gewisse Dinge nicht endlos zu sprechen, sondern sie zu tun.

Die Wahrheit ist einfach; wer einfache Dinge kompliziert macht, ist ein Narr, weil er sich selbst in seiner Entwicklung blockiert.

2.7 Die Ratio/Die Analyse

Für die Wissenschaft und für das Management sind, respektive waren, Ratio (Intellekt) und Analyse von zentraler Bedeutung. In der Zwischenzeit hat man aber entdeckt, daß dies vielleicht doch nicht der Weg ist, um zu tieferen Erkenntnissen und zu optimalen Problemlösungen zu gelangen. Ich kann mich hier kurz fassen, denn es gibt genügend eingehendere Untersuchungen zu diesem Thema.

Wichtig für uns ist die Erkenntnis, daß wir unsere Möglichkeiten extrem begrenzen, wenn wir uns lediglich auf die Ratio und die Analyse abstützen. Die Ratio hat keine Informationen über die Zukunft, sie hat immer nur eine ganz kleine Anzahl von Informationen zur Verfügung, auf die sie sich für Entscheide abstützen kann. Aus dieser Sicht ist es eigentlich unverständlich, weshalb der Ratio in der Vergangenheit ein so hoher Stellenwert zugemessen worden ist. Die Chancen für Fehlentscheide sind enorm groß bei jemandem, der sich nur auf seine Ratio verläßt. Und umgekehrt sind die Chancen für große Erfolge sehr klein, wenn nur die Ratio zu Hilfe genommen wird. Keines der weltweit überdurchschnittlich erfolgreichen Produkte entstand aufgrund einer rationalen Analyse der Kundenbedürfnisse.

Eines der vielleicht eindrücklichsten Beispiele dazu: in den 50er Jahren hat Ford die wohl umfangreichste Marktstudie durchgeführt, die jemals unternommen wurde. Ziel dieser Studie war es, das optimale Design für ein neues Auto namens «Edsel» zu eruieren. Diese gewaltige Anstrengung hat mit dem größten Mißerfolg in der Geschichte des Automobils geendet und dem Unternehmen Ford mehrere Hundert Millionen Dollar gekostet.

Das Auto war offenbar so rational, so durchschnittlich, daß niemand es kaufen wollte.

Umgekehrt hatte Ray Kroc, entgegen allen rationalen Einwänden seiner Anwälte, im Jahr 1960 den Namen McDonald gekauft. Er fühlte in seinem Innern, daß dies eine sichere Sache sein würde. Der Rest ist Geschichte. Jeder kennt die Erfolgsstory von McDonald. So etwas ist nicht rational planbar.

Wirklich überragende Erfolge basieren äußerst selten auf rein rationalen Überlegungen.
Die Ratio sucht das Wissen in der äußeren Welt. Diese Art der Suche ist sehr begrenzt. Wahres Wissen kommt von Innen. Je stärker jemand auf seine Ratio pocht, desto weniger vertraut er sich selbst, seinem Wissen, das von Innen kommt. Im Kapitel 2.5 habe ich auf die Suche in der Außenwelt hingewiesen. Die Ratio ist ein solches Suchen in der Außenwelt. Wer sich ausschließlich auf die Ratio verläßt, ist letztlich immer unsicher. Die Wissenschaft liefert den besten Beweis dafür, daß mit Hilfe der Ratio gewonnene Erkenntnisse relativ rasch überholt sein können. Demgegenüber sind beispielsweise Erkenntnisse von Jesus, Buddha, Lao-tse etc. nie überholt. Diese Erkenntnisse wurden nicht mit Hilfe der Ratio gewonnen.

Geradezu Ungeheuerliches ist von der Wissenschaft selbst zu hören. Der französische Biologe Joel de Rosnay belegt in seinem Buch «Das Makroskop», daß die Verfahrensweisen herkömmlicher wissenschaftlicher Arbeit nicht geeignet sind, Wirklichkeit zu erfassen, sondern im Gegenteil zwangsläufig Wirklichkeit verzerren. Und zu dieser Verfahrensweise gehört die rationale Analyse. Er weist darauf hin, daß analytisches Denken für die Wissenschaft wichtiger ist als vergleichendes, was dazu führt, daß sich die Wissenschaft einigelt. Sie tendiert zu Enge und Starrheit.

Für uns bedeutet das: Ratio und Analyse begrenzen das menschliche Potential, begrenzen Ihr Potential. Im Verlaufe dieses Buches wird sichtbar werden, daß für mich das vergleichende Denken, das Denken in Analogien im Vordergrund steht.

Besonders augenfällig ist das Versagen wissenschaftlicher Arbeit auf der Basis der Ratio in der Medizin. Kaum eine einzige bahnbrechende medizinische Entdeckung in den letzten hundertfünfzig Jahren, die nicht von beamteten Universitätsprofessoren als unwissenschaftlich verketzert wurde. So hat beispielsweise der Entdecker des für das menschliche Immunsystems so wichtigen Properdin 1954 Selbstmord begangen, nachdem er jahrelang von seinen Kollegen verteufelt worden war. Wenige Monate nach seinem Tod begann die herrschende Wissenschaft seine Forschungen zu akzeptieren.

Die Medizin stellt wohl eines der traurigsten Kapitel dar, was die brutale Verurteilung Andersdenkender betrifft. Und dies alles im Namen der Ratio! Und im Namen der Menschlichkeit! In Wahrheit geht es natürlich weder um Menschlichkeit noch um Erkenntnis: es geht um Macht.

Der gesunde Menschenverstand sollte uns zumindest folgendes zeigen: die heutigen Experten (Ärzte, Psychologen, Biologen etc.) lachen über die Experten aus dem Jahre 1500. Und genauso werden die Experten des Jahres 2500 über die heutigen Experten lachen. Also seien wir vorsichtig mit der Verurteilung von Ansichten, die nicht der herrschenden Lehrmeinung entsprechen. Auch Galileo Galilei wurde von den damaligen Wissenschaftern verurteilt. Heute weiß es jedes Kind: die Erde dreht sich um die Sonne.

Diese Beispiele mögen genügen, um zu zeigen, daß Engstirnigkeit, auf der Ratio begründet, die menschliche Entwicklung hemmt. Die Ratio sucht in der Außenwelt, wahres Wissen, wahre Entwicklung kommt aber von innen.

2.8 Die Unfähigkeit, selbständig und logisch zu denken

Wir Menschen sind im allgemeinen der Ansicht, daß wir logisch denkende Wesen seien. Und wir halten recht viel von unserer Fähigkeit zu Denken. In diesem Abschnitt geht es mir darum, zu zeigen, daß es mit unserer Logik nicht sehr weit her ist, daß wir oft völlig unlogisch denken und handeln. Dies sieht man auch bereits an den vorangehenden Beispielen. So haben wir gesehen, daß die Wissenschaft immer nur das akzeptiert, was in das momentan herrschende Weltbild paßt. Mit Logik und selbständigem Denken hat dies nicht allzuviel zu tun; wer die Geschichte überblickt, der sollte wissen, daß sich die Wissenschaft im Verlaufe weniger Jahre sehr stark ändern kann.

Aus der Geschichte sehen wir auch, daß wir uns offenbar auf Konflikt programmiert haben. Unsere Geschichtsbücher sind voll mit der Beschreibung von kriegerischen Auseinandersetzungen. Was haben all diese Konflikte, diese Kriege gebracht? Wo steht heute das einst glorreiche römische Reich, wo das einst stolze Spanien und wo das einst mächtige England? Wenn wir wirklich logisch und selbständig denken könnten, dann hätten wir doch schon längst andere Wege des Zusammenlebens gesucht – und auch gefunden. Wobei hier anzumerken ist, daß diese «anderen» Wege seit Jahrtausenden immer wieder propagiert wurden. Und trotzdem sind wir offenbar nicht in der Lage, diese anderen Formen des Zusammenlebens zu verstehen und anzuwenden. Im 19. Jahrhundert stand der Kampf ums Dasein im Vordergrund. Man hat heute den Eindruck, daß viele Menschen – insbesondere auch Manager – noch immer im Geiste des 19. Jahrhunderts leben. In der Zwischenzeit wissen wir aber, daß die Idee der Evolution durch Kampf, Vernichtung, Ausbeutung genau dem Gesichtspunkt, sprich Bewußtsein, des damaligen Menschen entsprach. Und wir wissen auch, daß das, was uns die Wissenschaft damals als Ausbeutung erklärt hat, in Wirklichkeit symbiotische Kooperation ist. Wir wissen, daß Parasiten in der Natur uncharakteristisch sind und daß genau das Gegenteil stattfindet: zur Evolution gehört die symbiotische Hilfe. Die Mehrzahl der Lebewesen (hier schließe ich den Menschen aus) hat offenbar verstanden, daß alles Lebendige zusammenhängt und der Tod eines «Gegners» oder einer Art immer auch eine Gefahr für alle anderen Arten und für das System des Lebendigen als Ganzes darstellt. Einer der erfolgreichsten Parasiten ist wohl der Krebs. Er ist so erfolgreich, daß er soger den Wirt (den Menschen) umbringt, der ihn ernährt – und damit bringt er sich selbst um. Wir wissen heute, daß die Räuber-Beute-Beziehung in der Natur eine Ausnahme darstellt. Deshalb ist sie uns vermutlich besonders aufgefallen. Wir haben darüber vergessen, daß es Milliarden kooperativer und symbiotischer Beziehungen gibt – und nur ganz wenige mörderische. Anders wäre Leben gar nicht möglich.

Einige Manager und Politiker haben das auch heute noch nicht begriffen. Es würde dazu vermutlich ein Training in vergleichendem Denken gehören. Nur dann ist jemand in der Lage, das Beispiel des Krebses auf die Wirtschaft umsetzen zu können. Offenbar blockiert uns hier unsere Fixierung auf ein immer und immer wieder trainiertes geradliniges Denken.

Ganz entscheidend scheint mir in diesem Zusammenhang der Hinweise darauf, daß es nicht nur eine Logik gibt, die uns bekannte aristotelische Logik, sondern daß es andere Logiken gibt. In unserem begrenzten Denken sind wir dermaßen auf die «Entweder-Oder»-Logik des Aristoteles fixiert, daß wir uns eine andere Logik nicht vorstellen können. In unserer Sprache existiert nicht einmal die Mehrzahl des Wortes Logik! Und doch gibt es andere Logiken, die schon vor Jahrtausenden im Hinduismus und Buddhismus bekannt waren und die heute durch die Erkenntnisse der modernen theoretischen Physik bestätigt worden sind. Es gibt nicht nur ein Entweder-Oder, ein Gut oder Schlecht, es gibt auch ein Sowohl-als-auch, ein Gut und Schlecht. Sehr eindrücklich ist dies vom Atomphysiker Heisenberg formuliert worden. Er fordert die «Überwindung jener eindimensionalen, gradlinigen Logik, die mit dem Messer des Entweder-Oder die Welt zerschneidet und aus ihrem zerstückelten Leichnam einen abstrakten Begriffskosmos aufzubauen versucht.»

Wir aber sind dermaßen verwurzelt in unserem Entweder-Oder-Denken, daß uns die Loslösung davon sehr schwer fällt; vermutlich auch deshalb, weil sie mit einiger selbständiger Gedankenarbeit verbunden ist. (Siehe dazu auch das Kapitel über die Vertreibung aus dem Paradies.) Wir werden in diesem Buch immer wieder auf die Sowohl-als-auch-Logik hinweisen müssen – auf die Gefahr hin, daß einige Leser Mühe damit haben werden.

Jeder Mensch könnte, wenn er wollte, in seinem eigenen Leben Beispiele finden für das, was zu Konflikten führt und für das, was zu deren Lösung führt. Aber da wir nicht gelernt haben, selbständig zu denken, übernehmen wir die Programmierungen unserer Eltern, unserer Umgebung. Das bedeutet, daß wir zwar in einer hochtechnisierten Umwelt leben, unsere Grundmuster des Denkens aber nicht anders sind als vor eintausend, zweitausend und mehr Jahren. Eine absurde Situation. Unsere Fähigkeit zu denken hat mit der Fähigkeit zu produzieren und die Welt zu verändern in keiner Art und Weise Schritt gehalten. Wir haben uns dermaßen auf die Entwicklung und Produktion von Gütern konzentriert, daß keine Zeit für die Entwicklung des Menschen selbst übrigblieb. Während einiger Zeit war ein Schlagwort in aller Munde: die Grenzen des Wachstums. Man hat sich sehr viele Gedanken über die Grenzen des materiellen Wachstums gemacht, weil man offenbar gemerkt hat, daß es so nicht weitergehen kann.

Womit wir uns hier befassen, ist das innere Wachstum des Menschen. Dies ist zweifellos der größte Wachstumsmarkt, den man sich vorstellen kann. Einerseits deshalb, weil der Mensch total unterentwickelt ist und andererseits deshalb, weil es im menschlichen Bereich keine Grenzen des Wachstums gibt. Ich weiß: gewisse Wissenschafter werden jetzt sogleich einwenden, daß der Mensch ein sehr begrenztes Wesen sei. Das stimmt natürlich insofern, als er sich selbst zu diesem begrenzten Wesen gemacht hat. Wenn er diese Macht hat, dann hat er logischerweise auch die Macht, seine selbstgemachten Begrenzungen zu überwinden.

Schauen wir noch einige Beispiele für unsere Unfähigkeit, selbständig und logisch zu denken, an:

Es gibt intelligente Manager, die beginnen zu lachen oder sich unwohl zu fühlen, wenn ich in Seminarien über das Thema Liebe spreche. Gleichzeitig sind diese Manager aber Mitglied der christlichen Kirche, sind getauft und haben vermutlich auch in der Kirche geheiratet. Diese Menschen kennen bestimmt auch eine Grundaussage des Christentums, die da lautet: «Liebe Deinen Nächsten, wie Dich selbst.» Wie kann man Mitglied der christlichen Kirche sein, sich über das Thema Liebe lustig machen, seine Konkurrenten bis aufs Blut bekämpfen und nebenbei noch die Bombardierung irgendwelcher «böser» Menschen fordern? Wo bleibt da die Logik?

Man kann dies alles tun, aber bestimmt nicht als Mitglied der christlichen Kirche. Es geht mir hier darum, zu zeigen, wie schrecklich gedankenlos an sich intelligente Menschen sein können. Wir werden automatisch in eine Organisation hineingeboren und kümmern uns dann nicht mehr um deren Grundsätze. Dies spricht nicht unbedingt für die vielgerühmte menschliche Intelligenz.

Überlegen wir uns einmal Folgendes: wir errichten eine neue Organisation. Einer der Grundsätze dieser Organisation lautet: «Wir verurteilen andere Menschen nicht.» Und jetzt versuchen wir, Mitglieder für diese Organisation zu gewinnen. Wir würden vermutlich wenige Menschen finden, die bereit wären, da mitzumachen. Nur wenige Menschen würden sich zutrauen, den erwähnten Grundsatz einzuhalten. Sie würden argumentieren, daß sie eben anders leben und deshalb in dieser Organisation nicht mitmachen können. Das ist logisch. Aber die gleichen Menschen sind Mitglied der Kirche, einer Kirche, welche die genau gleiche Forderung stellt. Wo bleibt da die Logik?

Achtung: ich plädiere nicht für einen Austritt aus der Kirche. Ich plädiere für ein selbständiges und logisches Denken. Entweder wir sind Mitglied einer Kirche, dann wäre es ehrlich und logisch, wenigstens zu versuchen, die entsprechenden Grundsätze anzuwenden. Oder wir kümmern uns nicht um diese Grundsätze, dann wäre es auch ehrlich und logisch, aus der Kirche auszutreten. Alles andere ist unehrlich, um nicht zu sagen obszön.

Jetzt sagen Sie mir bitte eines: wie soll eine Gesellschaft, die ganz offensichtlich auf der Unehrlichkeit oder zumindest auf der Gedankenlosigkeit der Mehrzahl ihrer Mitglieder aufgebaut ist, ihre Probleme lösen können?

Wie kann eine christliche Zeitschrift einen Satz wie den folgenden schreiben: «Wir brauchen einen Messias, der als Richter kommt.» Bekanntlich hat Jesus gesagt, «Richtet nicht, ...». Wo bleibt da die Logik? Wo bleibt das selbständige Denken?

Kürzlich wurden mir zwei hübsche Beispiele erzählt, die gut hierher passen.

Ein Unternehmen hat vier Mitarbeiter an einen Kurs mit dem Titel «Positives Denken» angemeldet. Der Kurs dauerte einen halben Tag und kostete Fr. 120.-. Kurz vor dem Kursbeginn hat das Unternehmen die Teilnehmer wieder abgemeldet mit der Begründung: unser Geschäftsgang ist schlecht! Wo bleibt da die Logik? Vermutlich hätten gerade diese Leute einige Gedanken zum positiven Denken dringend nötig gehabt. Läuft das Geschäft gut, so werden Mitarbeiter unter anderem an Kurse für positives Denken geschickt. Läuft es schlecht, hat man für positives Denken keine Zeit mehr. So ein Unsinn. Und das nennen wir «Mensch, die Krone der Schöpfung».

Das zweite Beispiel ist noch viel absurder – sofern man Absurdität steigern kann.
Eine Frau hat einer Kollegin erzählt, daß sie nicht von Mücken gestochen werde, weil sie sich davor schützen könne. Darauf hat diese intelligente, moderne Frau aus dem ausgehenden 20. Jahrhundert geantwortet: aber die Mücken brauchen doch Blut, um leben zu können. Das habe sie in einem Buch gelesen. Es sei deshalb nicht nett, die Mücken nicht stechen zu lassen. Wir haben hier also eine neue hochinteressante Theorie: Gott schuf offenbar den Menschen, weil die Mücken Blut brauchen ...

Und da wundern wir uns noch ob all der Probleme, mit denen sich die Menschheit, und auch der einzelne Mensch, herumschlägt.

Eines dieser Probleme ist beispielsweise die weit verbreitete Arbeitslosigkeit. Auch dies ist ein Paradebeispiel für unsere Unfähigkeit, selbständig und logisch zu denken. Immer wieder wird der Vorschlag gemacht, weniger Stunden pro Woche zu arbeiten, damit die vorhandene Arbeit auf mehr Menschen verteilt werden kann. Dies hat nichts, aber auch wirklich gar nichts mit der Realität und mit der Erfahrung von Jahrtausenden zu tun. Hinter diesem Vorschlag ist die Idee, daß die Menge der Arbeit begrenzt sei. Und das stimmt nicht. Aber dies stimmt natürlich bestens überein mit unserem begrenzten

Denken. Offenbar sind wir nicht mehr in der Lage, uns vorzustellen, daß die Menge der Arbeit unbegrenzt sei. Es ist der Mensch selbst, der die Arbeit kreiert. Aber sicher nicht, indem er weniger arbeitet, sondern indem er kreativ ist. Die Menge der Arbeit ist nichts von Außen vorgegebenes, sie wird von uns selbst erzeugt. Durch unser kleinkariertes Denken und durch unsere Idee, die Arbeit sei etwas Schlechtes und müsse möglichst reduziert werden, haben wir es fertiggebracht, die Menge der Arbeit tatsächlich zu reduzieren. Und jetzt beklagen wir uns über die Arbeitslosigkeit. Mit Logik hat das wenig zu tun. Wir können nicht jahrelang die Arbeit als etwas Schlechtes hinstellen – indem wir für Arbeitszeitverkürzungen kämpfen – und meinen, dies habe keine Folgen. Wir haben jetzt nämlich erreicht, was gewisse Leute offenbar wollten: weniger Arbeit. Daß dies zu Arbeitslosigkeit führen könnte, hat sich natürlich niemand vorgestellt. Wir ernten jetzt nur, was wir während Jahren gesät haben. So einfach sind die Gesetzmäßigkeiten.

Denken wir doch an die Erfindungen von Edison (Glühlampe) und Ford (Fließband-Produktion). Dadurch wurden Millionen von Arbeitsplätzen geschaffen. Wir brauchen aber nicht so weit zurückzugehen. Denken wir zum Beispiel an die Schweizer Uhrenindustrie mit der Swatch. Das war wirklich eine kreative Leistung, welche Arbeitsplätze erhalten und sogar neu geschaffen hat. Aber was ist heute eines der Hauptthemen in den Unternehmen? Kostenreduktion und somit Mitarbeiterabbau. Das hat nichts mit einem Mangel an Arbeit zu tun, es hat mit einem Mangel an Kreativität und Flexibilität zu tun. **Es geht nicht darum, eine begrenzte Arbeitsmenge neu zu verteilen, es geht darum, neue Arbeit zu erzeugen.** Aber dazu braucht es ein bisschen Phantasie, ein bisschen Vorstellungsvermögen. Offenbar ist das schwieriger, als einfach stur von einer Umverteilung der Arbeit zu sprechen.

In der Reduktion der Arbeitszeit zur Lösung des Arbeitslosenproblems steckt noch eine andere Unlogik. Wenn die

Angestellten weniger arbeiten, dann verdient das betreffende Unternehmen weniger – es sei denn, die Angestellten würden auch entsprechend weniger verdienen. Wenn die Angestellten aber weniger verdienen, werden sie weniger konsumieren. Und durch weniger Konsum kann das Problem der Arbeitslosigkeit sicher nicht gelöst werden. Genau das Gegenteil müßte geschehen. Die Angestellten müßten mehr arbeiten und zwar bei gleichem Lohn. Nur in diesem Fall würden die Unternehmen mehr verdienen; und nur wenn die Unternehmen mehr verdienen, werden mehr Mitarbeiter eingestellt, alles andere ist eine Illusion. Außerdem werden die Unternehmen mehr investieren, wenn sie mehr verdienen. Und auch das kurbelt die Wirtschaft an. Mehr Arbeit zu gleichem Lohn; das wäre sozial. Weniger Arbeit zu weniger Lohn hat mit «sozial» nichts zu tun und verschlimmert die Arbeitslosigkeit. Und wenn wir uns ganz in den Abgrund manipulieren wollen, dann brauchen wir nur weniger Arbeit bei gleichem Lohn zu fordern.

Wir bräuchten dringend Menschen, die in der Lage sind, selbständig und unabhängig von irgendwelchen Dogmen zu denken. Menschen, die nicht einfach bestehende Gedankenmuster übernehmen und gedankenlos weiterführen, sondern Menschen, die in der Lage sind, herkömmliche Ideen in Frage zu stellen. Zum Glück hat es immer wieder vereinzelte Menschen gegeben, die dazu in der Lage waren. Ein allgemein bekanntes Beispiel dafür ist Christoph Columbus. Er wurde beinahe als Ketzer verurteilt, weil er es gewagt hat, das zu denken, was heute jedes Kind weiß: die Erde ist rund. Das war zu jener Zeit ein ungeheuerlicher Gedanke. Auch heute gibt es Menschen mit «ungeheuerlichen» Gedanken. Denken wir aber daran, daß ein solcher Gedanke vielleicht schon in wenigen Jahren «normal» sein könnte. Vielleicht finden Sie auch in diesem Buch einige «ungeheuerliche» Gedanken. Dann habe ich nur eine Empfehlung: werfen Sie alles angelernte Wissen über Bord und versuchen Sie, die Sache selbständig und unabhängig von Grund auf durchzudenken. Und testen Sie die «ungeheuerlichen» Gedanken in Ihrem Leben. Das Philosophieren darüber bringt nichts. Nur die Praxis zählt. Columbus hätte Jahrzehnte über die runde Erde diskutieren und disputieren können – ob sie tatsächlich rund ist, hätte man noch immer nicht gewußt. Das einzige, das zählt, ist die Praxis.

In diesem Zusammenhang möchte ich Sie auf eine Aussage des französischen Atomphysikers J.E. Charon aufmerksam machen:

«Im Gegensatz zur landläufigen Meinung bin ich zutiefst davon überzeugt, daß gerade die Wissenschaft dann die größten Fortschritte macht, wenn sie Erfahrungstatsachen leugnet.»

Und Sie als Mensch werden ebenfalls dann die größten Fortschritte machen, wenn Sie herkömmliche Ansichten zumindest einmal in Frage stellen.

3. Die Folgen:
die Probleme sind nicht lösbar

Wer sich zu einem machtlosen Menschen macht, kann natürlich nicht hoffen, seine Ziele rasch zu erreichen und seine Probleme optimal zu lösen. Wir alle kennen aber Beispiele von Menschen, die dazu in der Lage waren. Als Extrem-Beispiel – an Extremen sieht man gewisse Mechanismen am besten – nehme ich Jesus von Nazareth. In Anlehnung an unsere Aufzählung jener Eigenschaften, mit deren Hilfe wir uns zu machtlosen Menschen machen, können wir folgendes feststellen:

Jesus hatte keine Angst.
Jesus betrachtete sich nicht als Sünder.
Jesus hat keine Verantwortung abgeschoben.
Jesus hat sich nicht in anderer Leute Angelegenheiten eingemischt.
Jesus hat sein Heil nicht in der Außenwelt gesucht.
Jesus hat das Leben radikal einfach dargestellt.
Jesus hat sich nicht nur auf die Ratio/Analyse verlassen.
Jesus hat total selbständig und logisch gedacht.
Jesus hat in Analogien gedacht.

Was er damit erreicht hat, wissen wir alle. Er war unvorstellbar mächtig.

Jetzt gibt es möglicherweise Menschen, die antworten: «Ja, natürlich. Jesus konnte das. Ich bin aber nicht Jesus.» Diesen Menschen empfehle ich, erstens etwas selbständiger zu denken, dann sehen sie nämlich, daß in obiger Aufzählung nichts enthalten ist, was nicht jeder Mensch zumindest anstreben kann.

Wenn das noch nicht genügt, dann empfehle ich zweitens ein genaueres Bibelstudium. Dort steht wörtlich die Aussage von Jesus: «**Was ich getan habe, das könnt auch ihr tun.**»

Offenbar haben zweitausend Jahre nicht dazu ausgereicht, diesen einfachen Satz zu verstehen. «Was ich getan habe, das könnt auch ihr tun.» Wenn einer dies wissen muß, dann doch bestimmt der, welcher alle diese Dinge tun konnte.

Wir können als Einzelmensch, als Nation oder als Menschheit tun was wir wollen; wenn wir nicht bereit und in der Lage sind, uns von den erwähnten hemmenden Verhaltensweisen zu lösen, dann werden wir nie wirkliche Fortschritte machen. Verfehlt wäre es jetzt meiner Meinung nach, eine grosse Diskussion über die machtlos machenden Eigenschaften vom Zaune zu reißen und das Thema zu intellektualisieren. Hier geht es um das Leben, um die Praxis. Entweder wir tun es, dann sehen wir die Resultate, oder wir tun es nicht, dann hilft uns auch das Theoretisieren darüber nichts.

Wir werden im nachfolgenden zweiten Teil noch näher darauf eingehen, daß es nicht in erster Linie darum geht, die Weltprobleme zu lösen, dabei würde es sich nämlich um eine Einmischung handeln, sondern alleine darum, seine eigenen Probleme zu lösen. Solange wir das nicht begriffen haben, gibt es keinen Fortschritt in der menschlichen Entwicklung.

Ich weise auch nochmals darauf hin, daß die Probleme mit unserer herkömmlichen Logik des Entweder-Oder nicht lösbar sind. Auch Frederic Vester gibt in seinen Veröffentlichungen zahlreiche Beispiele dafür, daß das herkömmliche logische Denken die miteinander vernetzten komplexen Probleme der heutigen Welt nicht löst, sondern verschlimmert. Verheerend sichtbar ist dies im Bereich der Medizin, in der Behandlung von Krebs, AIDS und beim Versuch, das Drogenproblem «in den Griff« zu bekommen. Hier erleben wir das Versagen «unserer» rationalen Logik hautnah.

Es ist notwendig, daß Sie sich vergegenwärtigen, wie sehr Sie sich selbst begrenzen und sich somit von möglichen einfachen Problemlösungen abschneiden. Ein reiner Rationalist wird sich wahrscheinlich am Wort «einfach» im vorhergehenden Satz stören. Für ihn darf nichts einfach sein. Ihm empfehle ich, nochmals den Satz von John Wheeler zu lesen, den ich diesem Buch vorangestellt habe, und außerdem muß ich ihm sagen: er ist nicht informiert, er lebt noch im vergangenen Jahrhundert. Offenbar hat er nicht mitbekommen, daß gerade die am weitesten entwickelte westliche Wissenschaft, auf die er sich beruft, inzwischen zu paradox-logischen Systemen gefunden hat, die denen entsprechen, die es in Asien seit Jahrtausenden gibt und die den fundamentalen Grundsätzen des Christentums, auf das er sich doch auch beruft, in keiner Art und Weise widersprechen.

Es liegt an Ihnen, ob Sie sich zu einem machtlosen oder einem machtvollen Menschen machen wollen.

Es ist Ihr Leben, nicht meines.

Zweiter Teil

Die unverrückbaren Grundlagen des LOLA-Prinzips

1. So funktioniert der Mensch

«Und über kein Ding in der Welt weiß ich weniger als über mich, über Siddhartha!»

Hermann Hesse, Siddhartha

Dem LOLA-Prinzip liegt ein ganz bestimmtes Menschenbild zugrunde. Dieses Menschenbild soll in diesem Kapitel dargestellt werden. Die tägliche Erfahrung lehrt, daß es nur dann möglich sein wird, unsere Probleme zu lösen, wenn wir uns strikte an dieses Menschenbild halten. Die tägliche Erfahrung lehrt aber auch, daß wir uns normalerweise nicht an diese Grundsätze halten, und somit logischerweise die Probleme nicht kleiner, sondern eher größer werden.

Wer in seinem privaten Leben einen gewaltigen Schritt vorwärts tun möchte, der braucht sich lediglich an dieses hier beschriebene Menschenbild zu halten, und das heißt: die hier erwähnten Grundsätze in die tägliche Praxis umzusetzen.

1.1 Der radikalste Grundsatz

«Bei mir selbst will ich lernen, will ich Schüler sein, will ich mich kennenlernen.»

Hermann Hesse, Siddhartha

In meinen Seminarien stelle ich jeweils die Frage, wer oder was sich ändern müsse, sofern wir eine bestimmte Situation verbessern wollen. Die Antwort kommt immer relativ spontan: die Änderung muß bei mir selbst stattfinden.

Diese Antwort ist seltsam. Seltsam deshalb, weil sie exakt der Praxis widerspricht. Die Erfahrung zeigt, daß wir im Normalfall von den andern eine Änderung verlangen.

Der Mitarbeiter erwartet, daß der Chef sich ändert. Der Chef erwartet, daß die Mitarbeiter sich ändern. Der Bürger erwartet, daß die Regierung sich ändert. Die Regierung erwartet, daß die Bürger sich ändern. Der Unternehmer erwartet, daß die Banken die Zinsen senken. Die Sparer erwarten, daß die Banken die Zinsen erhöhen. Mitte 1993 haben die Franzosen erwartet, daß die Deutschen die Zinsen senken, damit es der französischen Wirtschaft besser gehe. Und Frau Meier ist der Ansicht, daß Frau Müller die Kinder völlig falsch erzieht und das heißt, sich ändern sollte.

Karl Marx war der Meinung, man müsse die Gesellschaft ändern, damit sich endlich der Mensch verändere. Aber besteht nicht die Gesellschaft auch aus Menschen? Und sogar die UNO ist der Meinung, gewisse Menschen, Regierungen oder Völker müßten sich ändern.

Allgemein formuliert kann man feststellen: der Tugendhafte verlangt, daß sich die anderen – offenbar die Nicht-Tugendhaften – ändern. Da nun in der Praxis jeder immer davon ausgeht, daß sich die anderen ändern müssen, ändert sich logischerweise nichts und niemand. Es herrscht eine Patt-Situation. Eine Situation, die damit zu tun hat, daß überall Verantwortung und Macht abgeschoben wird.

Es ist tatsächlich seltsam, daß bei logischer Überlegung jeder darauf kommt, daß eine Änderung immer bei sich selbst beginnen muß, daß aber die Praxis genau umgekehrt aussieht. Ein schönes Beispiel, um dies zu demonstrieren, ist unter anderem die Arbeitslosigkeit. Es gibt massenhaft Leute, die wissen, was die anderen tun müßten. Nehmen wir einen Arbeitslosen. Wenn dieser denkt, sein ehemaliger Arbeitgeber sei schuld, oder die Regierung, oder die Nationalbank, oder, oder, dann reduziert er seine Chancen auf eine neue Stelle gewaltig. Weshalb? Ganz einfach deshalb, weil er sich zu einem völlig machtlosen Menschen macht. Er macht sich abhängig von anderen. Und wenn er auf die anderen wartet, dann kann er lange warten.

Sagen Sie bitte nicht, das sei Theorie. In den 70er Jahren wurde ich selbst arbeitslos. Zum Glück hatte ich damals die Verantwortung für meine Situation nicht dem Chef oder der Rezession in die Schuhe geschoben, sondern ich hatte bei mir selbst gesucht. Ich hatte die Verantwortung für meine Situation voll übernommen; entsprechend rasch hatte ich auch wieder eine neue Stelle gefunden. Hätte ich Gott und die Welt für meine Situation verantwortlich gemacht, dann wäre ich wohl einige Zeit arbeitslos geblieben.

Die Idee, der andere müsse sich ändern, führt unweigerlich zu einer Zunahme der Konflikte – und somit der Probleme; was jedermann in der Praxis sehr schön beobachten kann.

Solange wir die Welt verbessern wollen, indem wir die anderen ändern (verbessern) wollen, solange schaffen wir neue Konflikte. Der Kommunismus sowjetischer Prägung sollte als eindrückliches Beispiel dafür genügen. Dort hat man eine Zeit lang geglaubt, diese Heilslehre möglichst vielen anderen Menschen aufzwingen zu müssen. Das Ergebnis war Unterdrückung, Konflikt und Krieg.

Was für die Menschheit oder ein Volk gilt, das gilt auch für einen einzelnen Menschen. Wenn Sie der Meinung sind, die eigenen Probleme lösen zu können, ohne sich zu ändern, dann irren Sie sich. Interessanterweise gibt es Menschen, die sterben lieber, als daß sie sich ändern. (Sie erinnern sich bestimmt noch an den Mann mit der Herztransplantation.)

Offenbar ist es einfacher, die anderen für seine Situation verantwortlich zu machen, als bei sich selbst mit einer Änderung zu beginnen. Eine Änderung bei sich selbst hat viel größere Auswirkungen, als wir uns das je vorgestellt haben. Der Grund dafür ist der: wenn wir uns ändern, ändert sich auch die Außenwelt! (Mehr darüber im Kapitel 2.2.) **Wenn Sie sich ändern, dann verändert sich die Welt!** Spüren Sie, welche Macht darin liegt?

Dies ist der **radikalste Grundsatz**, der allen unseren Überlegungen zugrunde liegt:

Eine Änderung muß zuallererst bei mir selbst beginnen.

Dies ist eine uralte Weisheit: wenn jeder vor seiner eigenen Türe wischt, dann ist überall gewischt. Aber wo wischt die UNO? Wo wischen die Tugendhaften? Wo wischen die Ethik-

Vereinigungen? Wo wischen die politischen Parteien? Vor der eigenen Türe?

Auch im Osten kannte man diese Weisheit schon vor Jahrtausenden. Dort tönt es so:

Wenn Du das Land in Ordnung bringen willst,
mußt Du die Provinzen in Ordnung bringen.

Wenn Du die Provinzen in Ordnung bringen willst,
mußt Du die Städte in Ordnung bringen.

Wenn Du die Städte in Ordnung bringen willst,
mußt Du die Familien in Ordnung bringen.

Wenn Du die Familien in Ordnung bringen willst,
mußt Du Deine eigene Familie in Ordnung bringen.

Wenn Du Deine eigene Familie in Ordnung bringen willst,
mußt Du Dich in Ordnung bringen.

So einfach ist das. Und offenbar doch so schwierig.

Und deshalb werden unsere Politiker die Probleme nie lösen können. Ein Politiker ist laut Definition jemand, der sich in die Angelegenheiten anderer Leute einmischt. Wie viele Länder und Organisationen mischen sich in die Angelegenheiten anderer Länder ein? Das soll Sie aber weiter nicht kümmern. Was die anderen machen, ist deren Problem. Das einzige, das zählt, sind Sie. Sie sollen durch ein optimales, machtvolles Verhalten Ihre Probleme lösen und Ihre Ziele erreichen können. Was die anderen tun, wie sich die anderen verhalten, ist deren Problem.

Es gibt nur eine wichtigste Person auf der Welt, die sich ändern muß, und diese Person sind Sie.

Alle anderen wollen wir in Frieden lassen.

1.2 Das Prinzip des freien Willens

Der Mensch, jeder Mensch, ist ausgestattet mit dem freien Willen. Jetzt werden Sie vielleicht sagen: «Na und? Was ist schon dabei?»

Sehr viel ist dabei. Alles ist dabei.
Der freie Wille bedeutet, daß der Mensch denken kann, was er will. Dies wiederum bedeutet, daß wir nicht das Opfer oder die Sklaven unserer Gedanken sind, nein, wir sind deren Meister. Stellen Sie sich das vor: der Mensch kann denken was er will! Sie können denken, was Sie wollen! Das ist nicht selbstverständlich. Das gibt ihnen nämlich eine totale Freiheit. Und diese totale Freiheit gibt ihnen auch Macht. Weshalb das so ist, werden wir im einzelnen unter dem Kapitel Aktion=Reaktion behandeln.

Hier geht es mir darum, festzustellen, daß das Prinzip des freien Willens nichts Selbstverständliches ist, daß es sich meiner Ansicht nach um <u>das größte Geschenk</u> handelt, das der Mensch auf seinen Lebensweg mitbekommen hat. Dies gibt ihm die Möglichkeit, über das Leben, über die Welt, über die anderen und über sich selbst zu denken, was er will!!! Wir alle machen davon – zu unserem Nutzen und Schaden – ausgiebig Gebrauch.

Beispiel: Es gibt Menschen, die denken, die Welt ist ein Jammertal. Es gibt andere Menschen, die denken, die Welt ist voller wunderbarer Möglichkeiten. Es gibt Menschen, die denken, der Meier ist ein kleinkarierter Schwätzer, und es gibt andere Menschen, die denken, der Meier ist ein liebender Familienvater. Alles ist möglich, weil wir über den freien Willen verfügen.

Alles ist möglich bedeutet auch: Krieg ist möglich; Frieden ist möglich. Krankheit ist möglich; Gesundheit ist möglich. Reichtum ist möglich und Armut ist möglich.

Es gibt Menschen, die bei Krieg, Hungersnöten, etc. ausrufen: «Wie ist so etwas möglich! Wie kann Gott so etwas geschehen lassen!»

Er kann nicht nur, nein, er muß! Er muß, weil der Mensch mit dem freien Willen ausgestattet ist und das heißt: **alles ist möglich!**

Das heißt aber noch etwas anderes. Es heißt totale **Verantwortung.** Die Freiheit, zu denken was wir wollen, heißt auch, wir sind für alles verantwortlich, was wir denken. Und das hat Folgen, weil sich ja unser Denken auf unser Fühlen und auf unser Handeln auswirkt. Freiheit ist immer mit Verantwortung verbunden. Da jeder Mensch über die Welt denken kann, was er will, kann er die Verantwortung dafür nicht abschieben. Niemand zwingt ihn dazu, zu denken, die Welt sei schlecht – das ist sein Entscheid, er allein ist dafür verantwortlich! Selbst wenn sechs Milliarden Menschen denken, die Welt sei schlecht, haben Sie, lieber Leser, liebe Leserin, immer noch die Möglichkeit, das Gegenteil davon zu denken. Sie tragen die Verantwortung dafür und Sie tragen auch die Konsequenzen; was das für Konsequenzen sind, werden wir im Kapitel Aktion=Reaktion sehen.

Das Prinzip des freien Willens bedeutet noch etwas Erstaunliches. Es bedeutet, daß niemand, keine Außerirdischen und kein Messias, das Recht haben, gegen den Willen des Menschen diesen zu erretten (was immer das heißen mag). Wenn sich der Mensch in den Untergang stürzen will, dann hat er das Recht dazu; er hat den freien Willen erhalten. Er muß aber mit den Konsequenzen leben.

Und wenn wir das Prinzip des freien Willens logisch zu Ende denken, dann bedeutet dies noch etwas Ungeheuerliches: die Zukunft ist nicht vorhersehbar. Logisch, nicht wahr? Dank dem freien Willen kann jeder Mensch in jedem Moment sein Denken total ändern – wenn er will. Und damit verändert sich die Zukunft. Sie werden jetzt zu recht einwenden, daß es Leute gibt, welche die Zukunft vorhersagen können. Das stimmt; es stimmt aber nur deshalb, weil die Menschen im Normalfall ihr Denken nicht ändern, zumindest nicht plötzlich. Die Zukunft ist nur dann vorhersagbar, wenn der oder die betreffenden Menschen das Denken nicht ändern. Sobald aber jemand sein Denken ändert, ändert er seine Zukunft – was immer ein Hellseher gesagt haben mag. Als meine Frau ein Kind war, hat eine Hellseherin «vorhergesagt», sie werde nie heiraten und nie Kinder haben. Sie ist schon lange verheiratet und hat zwei Knaben. Die Zukunft wird nicht von Hellsehern oder von einem unbekannten Schicksal gemacht, sondern von uns selbst – von Ihnen selbst.

Die Konsequenzen der Nichtvorhersagbarkeit der Zukunft sind beträchtlich. Es bedeutet, daß für die Menschheit – und auch für einen einzelnen Menschen – kein unabänderlicher Plan für die Zukunft besteht, ja, ganz einfach nicht bestehen kann! Dies würde nämlich dem Prinzip des freien Willens widersprechen. Und dies bedeutet auch: das Schicksal eines Menschen – Ihr Schicksal – liegt weder im Kaffeesatz noch in Ihren Handlinien oder in den Sternen. Es liegt nur dann dort, wenn Sie jenen Dingen Macht über Ihr Leben geben. Die größere Macht aber liegt im Menschen selbst mit seiner Fähigkeit, zu denken, was er will – und nicht, was die Sterne wollen.

Sie sehen, das Prinzip des freien Willens hat gewaltige Konsequenzen. Es ist ein Gesetz des Kosmos, weil es der Ausfluß einer totalen, bedingungslosen Liebe ist. Nur eine bedingungslose Liebe kann dem Menschen das Geschenk des freien Willens geben. Das Prinzip des freien Willens und die bedingungslose Liebe sind untrennbar miteinander verbunden; das eine existiert nicht ohne das andere. Es ist ein Ausdruck bedingungsloser Liebe, wenn man einem anderen das Recht gibt, zu denken, was er will.

Die Konsequenzen des freien Willens werden im weiteren Verlauf dieses Buches bestimmt noch klarer sichtbar werden. Hier nur noch soviel zu diesem Thema:

«Was Du in einem Menschen siehst, das wirst Du;
Gott, wenn Du Gott siehst;
Staub, wenn Du Staub siehst.»

Glücklicherweise verfügen Sie über den freien Willen; Sie können sehen und denken, was Sie wollen.

1.3 Das menschliche Potential

In diesem Kapitel wollen wir zwei Fragen beantworten. Erstens: woraus besteht das menschliche Potential? Zweitens: ist das menschliche Potential begrenzt oder unbegrenzt? Für unsere weiteren Überlegungen sind die Antworten auf diese zwei Fragen von entscheidender Bedeutung.

Woraus besteht das menschliche Potential?

Das menschliche Potential – Ihr Potential – besteht aus zwei fundamentalen Eigenschaften: aus Energie und Intelligenz.

Von den Physikern wissen wir, daß alles eine Frage der Energie ist. Sie sind Energie, ich bin Energie, ein Baum ist Energie, ein Tisch ist Energie usw. usf. Ohne Energie läuft gar nichts. Ohne Energie können wir uns nicht bewegen, ohne Energie können wir nichts herstellen. Ohne eine genügend große Energiemenge können wir unsere Ziele nicht erreichen und unsere Probleme nicht lösen. Umgekehrt: je mehr Energie wir zur Verfügung haben, desto schneller erreichen wir unsere Ziele und desto schneller lösen wir unsere Probleme. Das wollen wir doch, oder nicht? Das LOLA-Prinzip wird somit folgende Fragen zu beantworten haben: Woher kommt Ihre Energie? Wo verlieren Sie Energie? Wo blockieren Sie Energie? Wie maximieren Sie Ihr Energiepotential?

Für ein Unternehmen geht es darum, die Summe des Energiepotentials aller Mitarbeiter zu maximieren und auf bestimmte Ziele hin zu kanalisieren. Mitarbeiterführung kann somit als ein Prozeß des Energie-Managements aufgefaßt werden.

Wir werden sehen, daß es tatsächlich ein Verhalten gibt, das zu einem Maximum an menschlicher Energie – und das heißt auch Macht – führt.

Mit Energie allein ist es aber nicht getan. Wir benötigen Intelligenz; eine Intelligenz, die uns hilft, die richtigen Entscheidungen zu treffen. Ich denke dabei an eine universelle Intelligenz, die nichts mit dem zu tun hat, was wir in der Schule gelernt haben. Ich denke an eine universelle Intelligenz, die unabhängig ist von der Ausbildung und über die grundsätzlich jeder Mensch verfügt. Ob wir an eine Regierung, an ein Unternehmen oder an eine Einzelperson denken, immer kommt es darauf an, ob mehr «richtige» oder mehr «falsche» Entscheidungen getroffen werden – und das hängt ab von der erwähnten universellen Intelligenz, die ein Mensch einsetzen kann – oder eben auch nicht. Wer kennt nicht Menschen oder Unternehmen, wo alles rund läuft? Und wer kennt nicht Menschen oder Unternehmen, wo alles schief läuft? Ein Unternehmen, in welchem vorwiegend Fehlentscheidungen getroffen werden, wird sich nicht lange im Markt behaupten können. Es wird also bestimmt ganz nützlich sein, wenn uns das LOLA-Prinzip hilft, folgende Fragen zu beantworten: Wie aktiviere ich meine universelle Intelligenz? Wie, wo erhalte ich die richtigen Antworten auf meine Fragen?

Wir kommen jetzt zur Frage, ob das menschliche Potential begrenzt oder unbegrenzt sei. Wir wollen diese Frage von zwei Seiten her angehen. Zuerst betrachten wir die oben erwähnten Eigenschaften, die das menschliche Potential ausmachen: Energie und Intelligenz. Ist Energie begrenzt? Ist Intelligenz begrenzt? Energie ist Schwingung, Schwingung kann beliebig verändert werden. Und Intelligenz? Wo sind die Grenzen der Intelligenz? Ich gehe von der Annahme aus, daß beide, Energie und Intelligenz, grenzenlos sind; somit ist auch das menschliche Potential grenzenlos. Wir brauchen uns «nur» dafür zu interessieren, wie die Energie und die Intelligenz maximiert werden.

Das Geniale an den Grundprinzipien des Lebens ist, daß es ein Verhalten gibt, das sowohl zu einem Maximum an Energie und gleichzeitig zu einem Maximum an Intelligenz führt. Das LOLA-Prinzip beschreibt dieses Verhalten ausführlich.

Die andere Sichtweise, um zu beurteilen, ob das menschliche Potential begrenzt oder unbegrenzt ist, ist eine psychologische. Sie stammt vom Zürcher Mediziner und Psychiater Balthasar Staehelin. In seinem Buch «Die Welt als Du» hat er ein bestimmtes Menschenbild beschrieben, welches auch unseren Überlegungen zugrunde liegt. Dieses Menschenbild geht davon aus, daß der Mensch aus zwei Wirklichkeiten besteht.

Die erste Wirklichkeit ist das Begrenzte, das Endliche. Es ist der Bereich unserer Ratio und folglich der Analyse. Ich nenne diesen Bereich das Kopfdenken. Mit unserem Kopf wollen wir alles erklären. Es ist also der Bereich des Erklärbaren und folglich auch der Bereich der Planung. Wir versuchen, mit unserem Kopf die Zukunft zu erfassen, die Zukunft zu planen. Da wir mit unserem Kopf nie mit absoluter Sicherheit wissen können, was die Zukunft bringt, entspringt dieser ersten Wirklichkeit auch der Zweifel und die Angst. Wird es gelingen, oder wird es mißlingen? Wer kann das wissen? Der Kopf weiß es natürlich nicht. Mit Hilfe des Kopfes können wir uns alle möglichen Mißgeschicke, Unglücksfälle und Katastrophen vorstellen. Der Kopf ist da sehr erfinderisch. Balthasar Staehelin hat etwas festgestellt, was jeder Mensch an sich selbst beobachten kann: aus dieser ersten Wirklichkeit, aus dem Kopfdenken, entspringen alle unsere Probleme. Mit dem Kopf (ver-)urteilen wir und verstricken uns immer mehr in zahllose Probleme. Daß diese Probleme mit dem Kopf nicht lösbar sind, sehen wir, wenn wir um uns blicken: unsere Welt verfügt über ein Wissen, wie wohl niemals zuvor in der uns bekannten Menschheitsgeschichte. Es ist aber ein reines Kopfwissen. Und die Folge davon ist, daß unsere Welt so viele Probleme hat wie nie zuvor. Wenn der Intellekt, unser Kopf, tatsächlich in der Lage wäre, die Probleme zu lösen, dann müßten wir nahezu problemlos sein – weil unser Wissen so groß ist. Jeder weiß aber, daß dies nicht der Fall ist. Entgegen eines weit verbreiteten Aberglaubens (Aberglauben hat es nicht nur im Mittelalter gegeben!) ist das Kopfdenken, die Ratio, sehr begrenzt. **Wir können nicht mit einem begrenzten Denken die Probleme des unbegrenzten Lebens lösen,** das sollten wir uns irgendwann in unsere Schädel einbrennen.

Die Eigenschaften, die aus dieser ersten Wirklichkeit hervorgehen, werden oft als männlich bezeichnet: Ratio, Analyse, Kampf, Herrschaft über andere, etc. Wohin uns dieses herrliche Verhalten gebracht hat, sehen wir mit einem Blick um uns und in die Medien. Probleme und Konflikte so weit das Auge – und Ohr – reicht. Es sind vorwiegend reine Materialisten, die sich auf diese erste Wirklichkeit versteifen. Wozu ein solcher Materialismus führen kann, können wir am Beispiel der ehemaligen Sowjetunion sehr schön beobachten. Vergessen wir nicht: die offizielle Philosophie des russischen Kommunismus ist der von Marx und Engels ausgearbeitete Materialismus. Für Engels existierte nur die sich ewig verändernde Materie. Die Folgen einer solch begrenzten Denkhaltung sind für die betroffenen Menschen alles andere als angenehm.

Zum Glück für uns besteht der Mensch aber nicht nur aus dieser ersten – begrenzten – Wirklichkeit. Jeder Mensch verfügt über eine sogenannte zweite Wirklichkeit. Diese zweite Wirklichkeit ist nicht mehr das Begrenzte, sondern das Unbegrenzte. Es ist der Bereich des Nicht-Erklärbaren, der Synthese, nicht der Analyse. Hier wird also nicht auseinandergenommen, sondern zusammengefügt. Hier sieht man nicht Dualität, Zweiheit, sondern Einheit und das bedeutet: hier wird nicht verurteilt. Eine logische Folge davon liegt auf der Hand: aus diesem Bereich entstehen keine Probleme, keine Konflikte. Eben deshalb, weil nicht verurteilt wird, weil nicht auseinandergenommen/analysiert wird. Dieser Bereich ist der Bereich des ewigen JETZT und das heißt: es herrscht weder Zweifel noch Angst.

Zweifel und Angst entspringen ausschließlich einem Denken an die Zukunft. Da es hier keine Zukunft gibt, gibt es folglich auch die erwähnten Zweifel und Ängste nicht; das ist ganz einfach nicht möglich. Und weil es hier auch keine Vergangenheit gibt, gibt es auch keine Schuldgefühle, die uns plagen können. Schuldgefühle haben ja ihren Ursprung in der Vergangenheit; in Dingen, die wir meinen falsch gemacht zu haben.

Wenn es keine Angst, keine Zweifel, keine Schuldgefühle gibt, was gibt es dann? Es gibt Vertrauen. Dieser Bereich ist der Bereich des totalen Vertrauens. Des Vertrauens in das Leben, in die universelle Intelligenz, in Gott – oder wie immer Sie diese Macht nennen wollen.

Ich nenne diese zweite Wirklichkeit Herzdenken. Hier spricht das Herz, das Gefühl, die Intuition; und die ist grenzenlos, im Unterschied zum begrenzten Kopfdenken. Was wir nun jahrelang versucht haben, ist die Abspaltung des Kopfes vom Herzen. Gewaltsam haben wir versucht, uns zu begrenzen. Anstatt der grenzenlosen universellen Intelligenz in unserem Inneren zu vertrauen, haben wir unserer winzig kleinen begrenzten Intelligenz vertraut und uns – in einer Verblendung sondergleichen – eingebildet, damit unsere Probleme lösen zu können. Wir haben unser Herzdenken, unser inneres Wissen abgeschnürt; ist es da verwunderlich, daß die Herzinfarkte Hochkonjunktur haben? Wie soll sich das Herz entfalten können, wenn wir das, was unterhalb unseres Kopfes ist, abschnüren?

Mit Hilfe der Weisheit aus dieser zweiten Wirklichkeit sind wir in der Lage, alle unsere Probleme zu lösen. Da diese Weisheit grenzenlos ist, verfügt sie folglich über alle Informationen (das ist für den Kopf unmöglich) und ist darum in der Lage, die optimalen Entscheide zu fällen.

Machen wir uns aber nichts vor: die Mehrzahl der Menschen stützt sich noch immer viel lieber auf die total begrenzten Informationen aus dem Kopf – das hat nicht sehr viel mit Vernunft zu tun. Ich habe ja bereits im ersten Teil dieses Buches, im Kapitel 2.8, auf die Unfähigkeit des Menschen, logisch zu denken, hingewiesen. Dies ist ein weiteres Beispiel für diese Unfähigkeit.

Die Eigenschaften, welche dieser zweiten Wirklichkeit entspringen, werden oft auch als weibliche Eigenschaften bezeichnet: Herz, Gefühl, Intuition, Einheit. Interessant in diesem Zusammenhang ist die Tatsache, daß Frauen in allen Bereichen eine aktivere Rolle zu spielen beginnen. Dieser Trend wird sich in Zukunft mit Sicherheit noch verstärken. Die herrlichen Eigenschaften haben erstaunliche materielle Ergebnisse gebracht, sie haben aber bei der Problemlösung versagt; wir benötigen jetzt mehr dämliche (!) Eigenschaften. Offenbar wurde früher einmal das Männliche als schön, herrlich bezeichnet und das Weibliche als dumm, dämlich.

Eine Frau hat mir erzählt, sie müsse oft zusammen mit Männern Entscheidungen treffen; dabei wisse sie jeweils intuitiv, was aus ihrer Sicht richtig sei. Die Männer fragten dann jeweils, wie sie zu dieser Meinung komme und ob sie dies erklären oder beweisen könne (erste Wirklichkeit!). Sie müsse dann jeweils kleinlaut zugeben, daß sie «es» nicht beweisen könne (zweite Wirklichkeit, das Nicht-Erklärbare!). Bis jetzt sei sie sich immer recht blöd dabei vorgekommen. Die Männer könnten immer alles erklären und sie als Frau könne das nicht. In Tat und Wahrheit hat sie aber eine viel umfassendere Intelligenz angezapft und die Männer haben sich ausschließlich auf die äußerst begrenzte Intelligenz des Kopfes verlassen.

Damit keine Mißverständnisse aufkommen, muß ich darauf hinweisen, daß diese zwei Wirklichkeiten nichts mit dem Unterschied von Mann und Frau zu tun haben. Diese zwei Wirklichkeiten sind in jedem Menschen vorhanden. Aber dem einen gelingt es besser als dem anderen, die zweite Wirklichkeit zu mobilisieren.

Fassen wir zusammen: Der Mensch – jeder Mensch – besteht aus einer begrenzten und einer unbegrenzten Intelligenz. Es ist nun dem Menschen freigestellt (das Prinzip des freien Willens!), auf welche dieser zwei Intelligenzen er sich abstützen will. Mich interessiert in diesem Zusammenhang nur eine einzige Frage: Wie aktiviere ich diese in mir vorhandene universelle Intelligenz? Man kann die Frage auch noch anders formulieren: Wie höre ich auf den Gott in mir?

Das LOLA-Prinzip gibt darauf eine einfache und klare Antwort. (Wenn das nicht so wäre, dann könnten Sie das Buch wegschmeißen.)

Die Konsequenzen des hier nur kurz angetönten Menschenbildes sind gewaltig; sie durchdringen alle Bereiche unseres Lebens, und ich werde im weiteren Verlauf dieses Buches immer wieder darauf zurückkommen.

Wir sind damit am Ende unserer Betrachtungen über den Menschen angelangt. All unseren nachfolgenden Überlegungen liegt somit folgendes Menschenbild zugrunde:

Der Mensch hat ein unbegrenztes Potential (Energie und Intelligenz).
Der Mensch verfügt über den freien Willen.
Der Mensch muß nur ein einziges Wesen ändern: sich selbst.

2. So funktioniert der Kosmos/das Leben

2.1 Alles ist Schwingung/Energie

Nicht Materie ist die eigentliche Realität, sondern Schwingung/Energie; das belegen die Forschungen der Physiker, insbesondere der Atomphysiker. Diese Tatsache hat unabsehbare Folgen für unser Leben.

Wenn alles Energie ist, dann sind auch unsere Gedanken Energie, und das bedeutet: unsere Gedanken verfügen über ein Potential, welches in der Außenwelt etwas bewirken kann. Gedanken sind nicht etwas, das sich lediglich in unserem Kopf abspielt. Die Konsequenzen aus dieser Erkenntnis werden wir unter dem Thema Aktion = Reaktion behandeln.

Wenn alles Energie ist, dann ist auch der Mensch Energie, und das bedeutet zweierlei. Erstens ist der Mensch (wie wir bereits gesehen haben) beliebig entwicklungsfähig und zweitens ist der Mensch unsterblich. Energie kann nicht zum Verschwinden gebracht werden.

Schauen wir, was geschieht, wenn einem Körper Energie zugeführt wird. Die Schwingung (Frequenz) dieses Körpers erhöht sich und das heißt: der Zustand des Körpers verändert sich. Aus einem Eisklumpen wird Wasser. Fügen wir weiter Energie hinzu, dann wird aus dem Wasser Dampf – und obwohl wir mit unseren Augen nichts mehr sehen, ist doch immer noch alles da, nichts ist einfach verschwunden.

Es handelt sich hier um Physik. Und was für Eis und Wasser gilt, das gilt folglich auch für den Menschen. Wenn es einem Menschen gelingt, seine Schwingung beträchtlich zu erhöhen, dann kommt logischerweise der Moment, wo er unsichtbar wird. Das hat nichts mit Mystik oder Magie zu tun, sondern mit Physik. Wenn ein solcher Mensch unsichtbar ist, dann heißt das nichts anderes, als daß er seinen grobstofflichen Körper in einen feinstofflichen Körper verwandelt hat und daß es keinen Tod gibt. Die Idee des Todes ist eine total begrenzte materialistische Sichtweise, die wir uns selbst eingebrockt haben, und mit deren Folgen wir jetzt leben müssen. Vor 2000 Jahren hat Jesus zu zeigen versucht, daß es keinen Tod gibt. «Tod, wo ist dein Schrecken?» Nur wenige haben aber begriffen, worum es geht. Zu diesen wenigen gehört unter anderen der bereits erwähnte Atomphysiker J.E. Charon. Eines seiner Bücher trägt den Titel «Ich bin 15 Milliarden Jahre alt.» 15 Milliarden Jahre deshalb, weil die Physiker das Alter des Universums auf 15 Milliarden Jahre veranschlagen. Auch für ihn existiert der Tod nicht.

Wenn also der Mensch Schwingung ist, dann lassen sich diese Schwingungen beliebig verändern. Die Frage ist nur, wie? Die Antwort ist einfach: durch unser Denken. Mit unserem Denken verändern wir die Schwingungen unseres Körpers. Das kann man leicht nachprüfen. Denken Sie Liebe. Denken Sie Haß. Die Wirkung auf den Körper ist ganz verschieden, weil sich eben die Schwingung verändert. Wir können uns total in die Materie hineindenken – einige Menschen machen davon ausgiebig Gebrauch – oder wir können uns «in den Himmel» hinein denken. Es liegt an uns. (Sie erinnern sich an das Prinzip des freien Willens?)

Da alles Schwingung ist, ist Krankheit nichts anderes als eine Disharmonie der Schwingungen. Es liegt somit auf der Hand, daß eine solche Disharmonie durch andere Schwingungen beeinflußt werden kann. Und das heißt: durch Musik, Farben,

Düfte, und selbstverständlich auch durch unser eigenes Denken. Diese Erkenntnis ist gar nicht so neu. Novalis, der große Dichter und Mystiker der Romantik, hat es kurz und bündig so formuliert: «Jede Krankheit ist ein musikalisches Problem.» Also ein Problem der Schwingungen. Es ist somit nichts anderes als Logik und Physik, daß Krankheiten durch Gedanken geheilt werden können. Auch das hat uns Jesus vordemonstriert.

Alles ist eine Frage der Energie – und somit der Schwingungen. Wir können den Menschen zum Beispiel als Musikinstrument betrachten. Musik, Töne, sind ja bekanntlich auch Schwingung. Wenn nun ein Musikinstrument verstimmt ist, dann erzeugt es disharmonische Töne. Der Mensch ist ein verstimmtes Musikinstrument, welches permanent disharmonische Töne erzeugt, und das heißt: Aggressionen, Konflikte, Unzufriedenheit. Sie kennen doch sicher den Ausdruck: «er ist verstimmt». Es geht jetzt darum, dieses Instrument «Mensch» mit Hilfe unseres Denkens wieder zu stimmen. Aber das kann kein anderer für uns tun. Jeder Mensch ist für sich selbst und für sein Denken – und somit für die harmonischen oder disharmonischen Schwingungen, die er von sich gibt – verantwortlich.

Ich staune immer wieder über die große Weisheit, die in der Sprache steckt. Ein Mensch wird bekanntlich auch als Person bezeichnet. Im Wort Person steckt das lateinische Wort per sonare. Sonare heißt tönen, per sonare bedeutet somit hindurchtönen. Der Mensch ist somit das Hindurchtönende. Auch hier haben wir wieder den Ton, die Schwingung. Und im Französischen heißt le son (Per-son) der Ton. Jeder Mensch ist ein Ton – und ein Ton ist beliebig veränderbar, und er ist harmonisch oder disharmonisch.

Wenn Sie Ihre Probleme optimal lösen wollen, wenn Sie Ihre Ziele rasch und mit wenig Aufwand erreichen wollen, dann müssen Sie sich radikal immer diese Tatsache vor Augen halten: alles ist Schwingung – und somit veränderbar. Auch

Beton ist Schwingung – und somit veränderbar. Auch der fürchterliche Mitarbeiter Meier ist Schwingung – und somit veränderbar. Auch das autistische Kind ist Schwingung – und somit veränderbar (obwohl die Schulmedizin möglicherweise das Wort «unheilbar» verwendet). Für eine materialistisch ausgerichtete Schulmedizin ist natürlich vieles unheilbar. Das entspricht aber in keiner Art und Weise den immer wieder gemachten Erfahrungen (durch Jesus demonstriert), und es entspricht in keiner Art und Weise den neuesten Erkenntnissen aus der Atomphysik. Wir verschwenden unsere Zeit – und unser Geld –, wenn wir uns auf materialistische Erklärungsversuche versteifen. Wir sollten uns viel eher an fundamentale, universelle Grundsätze halten. Und ein solcher Grundsatz lautet eben: alles ist Schwingung.

Dies weiß übrigens auch unsere Sprache. Nehmen wir doch das Wort Realität. Was heißt denn Realität? Das Wort setzt sich zusammen aus Re und Al. Mit Re oder auch Ra wurde im alten Ägypten der Sonnengott bezeichnet. Was ist die Sonne anderes, als das Symbol für Energie und Schwingung?! Die Sonne ist Licht, Wärme. Licht ist Schwingung, ist Energie par excellence. Und Al deutet hin auf das All (Universum) oder auch auf Allah (Gott). Realität ist somit das göttliche/universelle Licht, die göttliche Schwingung – es gibt nichts anderes!

DAS ist die Realität.

Sogar die herkömmliche Herleitung des Wortes Realität deckt sich völlig mit der von uns vertretenen Ansicht. Das Wort stammt vom Lateinischen Begriff «res» = Sache, Ding. Und wie mir ein Fachmann erklärt hat, setzt sich dieses res wiederum zusammen aus re und ens. Zusammengefasst ergibt sich daraus das Zurückseiende oder das Zurückgeworfene. Dies entspricht unserer Idee von Aktion = Reaktion. Die Realität ist das, was als Reaktion auf meine Aktion zu mir zurückgeworfen wird.

Denken Sie daran, wenn es um Ihr Leben geht. Sie haben es in der Hand, sich hinab ins Dunkel der Materie zu denken, oder hinauf ins Licht. Sie – und niemand sonst. DAS ist die Realität. Alles andere ist begrenztes Denken, ist Unwissen, ist Aberglauben.

Denken Sie, die Welt ist ein Jammertal, dann denken Sie sich hinab. So sei es.
Denken Sie, die Welt ist ein Freudenfest, dann denken Sie sich hinauf. So sei es.
Das ist keine Mystik, das ist keine Religion.
Das ist reine Physik.

2.2 Es gibt keine objektive Welt

«Ich habe einen Gedanken gefunden, Govinda, den du wieder für Scherz oder für Narrheit halten wirst, der aber mein bester Gedanke ist. Er heißt: von jeder Wahrheit ist das Gegenteil ebenso wahr!»

Hermann Hesse, Siddhartha

Jahrzehntelang ist uns eingeredet worden, es gäbe eine objektive Welt, eine Welt also, die man exakt messen kann und die dann für alle Menschen gleich ist. Mit anderen Worten: es gäbe eine einzige Welt. Diese Ansicht ist dermaßen in uns verwurzelt, daß es vielen Menschen schwer fällt, etwas anderes zu denken. Das ist natürlich wiederum ein schönes Beispiel für unsere Unfähigkeit, selbständig zu denken. Wir sind total imprägniert von einem ganz bestimmten Weltbild, dem Bild einer objektiven Welt, die für alle Menschen gleich ist.

Und diese Welt gibt es nicht!

Ich will nun mit Hilfe der Physik und der Neurobiologie versuchen, dieses Bild einer objektiven Welt gründlich zu zerstören, weil es uns daran hindert, unsere Probleme zu lösen und weil es uns zu Opfern einer ganz bestimmten Weltanschauung macht.

Im Verlaufe unseres Jahrhunderts wurde die Ahnung immer mehr zur Gewißheit: es gibt keine objektive Welt. Begonnen hat diese Erkenntnis vermutlich mit der Quantenphysik. Dort hat man festgestellt, daß ein «Etwas» sowohl als Teilchen als auch als Schwingung betrachtet werden kann. Und dies ist abhängig vom Beobachter. Diese Erkenntnis war ungeheuerlich; sie besagte nämlich nichts anderes, als daß die Welt offenbar vom Beobachter beeinflußt wird. Was wiederum nichts anderes heißt, als daß es keine objektive, für alle Menschen gleiche, Welt gibt.

In neuester Zeit hat sich der bereits erwähnte französische Atomphysiker, J. E. Charon, der übrigens die Relativitätstheorie von Einstein weiterentwickelt hat, zu diesem Thema wie folgt geäußert: «Le monde n'est pas, il est ce qu'on pense de lui.» Zu Deutsch: «Es gibt keine objektive Welt, die Welt ist das, was wir von ihr denken.»

Man stelle sich vor: die Welt ist das, was wir von ihr denken! Damit werfen wir das ganze bisherige Weltbild auf den Müllhaufen der Geschichte. Und das hat Folgen.

Die Welt ist das, was Sie von ihr denken!
Sie sind also nicht irgendeiner guten oder schlechten Welt ausgeliefert. Sie ganz allein bestimmen ihre Welt. Sie entscheiden, ob ihre Welt gut oder schlecht ist. Ist das nicht fair? Ist das nicht gewaltig? Spüren Sie die Macht, die Sie dadurch plötzlich bekommen? Nicht Sie sind der Welt ausgeliefert, nein, die Welt ist Ihnen ausgeliefert. **Die Welt ist genau das, was Sie von ihr denken!** Und das gibt Ihnen Macht, Macht über die ganze Welt, über Ihre Welt.

Was denken Sie von der Welt?
Was immer Sie denken, so ist es. Das ist Macht.

Also gibt es nicht nur eine Welt, sondern viele Welten. Jeder Mensch lebt in seiner eigenen Welt, die er sich selbst zurechtgedacht hat. Wenn nun diese Tatsache bekannt ist, dann muß folgende Frage gestellt werden: welcher Mensch ist so blöd und denkt sich eine schlechte Welt? Offenbar einige. Offenbar alle jene, die noch nichts davon gehört haben, daß es die objektive Welt gar nicht gibt. Und daß sie folglich einem Jahrtausend-Irrtum aufgesessen sind – zu ihrem eigenen Schaden.

Die Erkenntnis, daß die Welt das ist, was jeder einzelne Mensch von ihr denkt, hat Folgen, die wir noch gar nicht vollständig überblicken können. Um uns aber doch ein wenig für diese Macht zu sensibilisieren, ersetzen wir das Wort «Welt» ganz einfach durch andere Wörter:

> Meine Frau ist das, was ich von ihr denke.
> Mein Mann ist das, was ich von ihm denke.
> Meine Kinder sind das, was ich von ihnen denke.
> Meine Mitarbeiter sind das, was ich von ihnen denke.
> Mein Chef ist das, was ich von ihm denke.
> Meine Kunden sind das, was ich von ihnen denke.
> Die Rezession ist das, was ich von ihr denke.
> etc. etc.

Spüren Sie die Macht, die unvorstellbare Macht, die darin liegt? Sie können das Spielchen beliebig weiterführen.

Wenn Sie jetzt denken, das sei Theorie, dann haben Sie recht: die Welt ist das, was Sie von ihr denken! Somit auch dieses Buch und die darin enthaltenen Aussagen. **Dieses Buch ist nicht objektiv; es ist das, was Sie von ihm denken.** Unsinn, wenn Sie Unsinn denken. Wahnsinn, wenn Sie Wahnsinn denken. Sensationell, wenn Sie sensationell denken.

Damit wir uns nicht mißverstehen: natürlich gibt es sogenannt objektive Messgrössen. Ein Mensch ist beispielsweise 1,80 m groß und der andere ist 1,70 m groß. Der eine ist also objektiv größer als der andere. Hier geht es aber um etwas anderes. Es geht um die Wirkung auf andere Menschen und das heißt: um ein Gefühl. Das ist die eigentliche Realität. Für den einen ist der 1,80 m große Mensch gefühlsmäßig (!) sehr groß, für den anderen ist er gefühlsmäßig normal groß. **Jeder hat seine eigene Wahrheit** – und diese Wahrheit kommt von innen. Es ist ein Gefühl.

Die wissenschaftlich fundierte Aussage «es gibt keine objektive Welt» bedeutet: es gibt nicht nur eine Wahrheit. Es gibt viele Wahrheiten. Jeder Mensch hat seine eigene Wahrheit. Was ist die Folge davon? Über Wahrheit läßt sich nicht streiten! Alles, was Sie für wahr erachten, **ist wahr!** Wenn aber ein anderer Mensch das Gegenteil als wahr erachtet, dann ist das seine Wahrheit. Auf dieser Denkbasis würden alle Konflikte, alle Kriege in sich zusammenfallen. Über die Wahrheit läßt sich nicht streiten, weil es nicht nur eine Wahrheit gibt. Darin steckt die östliche Weisheitslehre (siehe auch Hermann Hesse), die sagt, daß das Gegenteil von dem, was «wahr» ist, ebenfalls «wahr» ist. Was nichts anderes bedeutet als:

nichts ist wahr; alles ist wahr.

Entscheidend dabei ist nur die Frage, ob das, was Sie für sich als Wahrheit betrachten, Ihre Entwicklung hemmt oder fördert. Mit dem LOLA-Prinzip will ich Ihnen eine Wahrheit näherbringen, welche Ihre Entwicklung mit Sicherheit fördert.

Wenn Sie also denken, das sei Theorie, dann haben Sie recht. Und Sie haben sich damit selbst zu einem total schwachen Menschen, zu einem Opfer Ihres eigenen Denkens gemacht. Wenn Sie das wollen: So sei es. Es ist Ihr gutes Recht. Aus meiner Sicht ist es nicht sehr vernünftig. Welcher Mensch macht sich schon freiwillig zu einem machtlosen Opfer? Viele, offenbar. Eine solche freiwillige(!) Machtbegrenzung ist wohl durch nichts mehr zu überbieten. Mit Vernunft hat das nichts, aber wirklich rein gar nichts, zu tun.

Folgerung: der Mensch mit einem an sich grenzenlosen Potential macht sich freiwillig zu einem völlig machtlosen Wesen. Das soll ihm mal einer nachmachen!

Es ist übrigens nicht nur die Atomphysik, die auf solch umwerfende Erkenntnisse gekommen ist; auch neueste Erkenntnisse aus der Neurobiologie kommen grundsätzlich zum gleichen Ergebnis. Die beiden Forscher Maturana und Varela äußern sich in ihrem Buch «Der Baum der Erkenntnis» wie folgt: «Es gibt keine externe, objektive Wahrheit, keine universelle Wahrheit.» Auch bei Maturana und Varela ist die Welt vom Betrachter abhängig. Und somit sind wir wieder dort, wo bereits im 14. Jahrhundert einer der bekanntesten islamischen Mystiker, Abd al-Karim Al Jili, war. Er hat es, bezogen auf die Menschen, wie folgt ausgedrückt: «Die Menschen sind wie sich gegenüberstehende Spiegel.» Ich sehe im anderen also immer nur mich selbst und das heißt: mein Denken. Wir können das erweitern und festhalten: die ganze Welt funktioniert wie ein Spiegel. Sie sehen darin immer nur sich selbst: Aggression, wenn Sie aggressiv sind. Friede, wenn Sie friedlich sind.

Wir – Sie und ich – **machen** die Welt mit unserem Denken.

Was tun wir aber? Um zu wissen, wer wir sind oder welches Potential unsere Mitarbeiter haben, gehen wir hin und lassen uns oder unsere Mitarbeiter analysieren! Dahinter steckt wieder die Müllhaufen-Idee von der objektiven Welt. Es gibt keinen objektiven Menschen. Wiederholen wir es nochmals:

Sie sind das, was Sie von sich denken. Punkt.
Ihre Mitarbeiter sind das, was Sie von ihnen denken. Punkt.
Ihre Kunden sind das, was Sie von ihnen denken. Punkt.

Entscheiden Sie selbst, was Sie von sich oder von Ihren Mitarbeitern denken wollen. Aber übernehmen Sie dann auch die Verantwortung für das, was Sie denken.

Wenn Sie das wissen, dann können Sie sich alle Analysen sparen. Das ist ökonomisch, denn es spart Zeit und Geld. Die Welt, der Kosmos, ist unvorstellbar ökonomisch organisiert. Nur der Mensch hat es fertiggebracht, die Sache unvorstellbar zu verkomplizieren. Zum Glück sind die Schwierigkeiten langsam dermaßen angewachsen, daß wir früher oder später zu neuen Erkenntnissen kommen müssen, falls wir hier überleben wollen. Sollten wir hier nicht überleben, dann ist es auch kein Unglück, da wir wissen, daß der Tod nicht existiert.

Jetzt wissen Sie, wie die Welt funktioniert.
Mit Ihrem Denken verändern Sie die Welt.
Das gibt Ihnen eine unvorstellbare Macht.
Machen Sie damit, was Sie wollen; dank Ihrem freien Willen.

2.3 Alles ist EINS

«Schon konnte er die vielen Stimmen nicht mehr unterscheiden, nicht frohe von weinenden, nicht kindliche von männlichen, sie gehörten alle zusammen, Klage der Sehnsucht und Lachen des Wissenden, Schrei des Zorns und Stöhnen der Sterbenden, alles war eins, alles war ineinander verwoben und verknüpft, tausendfach verschlungen.»

Hermann Hesse, Siddhartha

Das vorhergehende Kapitel war vermutlich für einige Leser bereits ein starkes Stück. Es kommt jetzt aber noch stärker. Genau wie die Sache mit der nicht-objektiven Welt, so ist auch das «Alles ist EINS» etwas, das an keiner offiziellen Schule gelehrt wird – zumindest heute noch nicht. Ich bin aber zuversichtlich, daß diese für Physiker und Mystiker bekannten Dinge innerhalb der kommenden 50 bis 100 Jahre auch in den Lehrplan der offiziellen Schulen Eingang finden werden. Und was sind schon 100 Jahre in der Unendlichkeit der Zeit?

Das Gefühl des Getrenntseins ist wohl eines der größten Probleme für viele Menschen. Ich denke dabei an das Getrenntsein von den anderen Menschen, von der Natur oder gar vom Leben. Dieses Gefühl des Getrenntseins ist aber eine menschliche Illusion, in Tat und Wahrheit gibt es dieses Getrenntsein gar nicht. Das Gefühl des Getrenntseins entspringt dem Kopfdenken (siehe Kapitel 1.3). Das Herzdenken kennt kein Gefühl des Getrenntseins. Die Idee der Trennung ist somit ein Zeichen dafür, wie stark wir den Kopf vom Herzen getrennt haben. In unserer Gesellschaft sehen wir das an den Drogensüchtigen; das sind die Menschen, die am stärksten unter dem Gefühl der Trennung leiden.

Nun wissen wir aber von zahlreichen Mystikern aus der Vergangenheit, daß es offenbar keine Trennung gibt; im Kosmos gibt es nur Einheit. Alles hängt mit allem zusammen. Schauen wir uns nun aber einmal an, was die neuesten Erkenntnisse aus der Physik zu diesem Thema zu Tage gebracht haben.

In der theoretischen Physik gibt es das weltweit akzeptierte «Bell's Theorem». Im Jahre 1964 wies nämlich der Physiker J.S. Bell darauf hin, daß «keine Theorie der Realität, die mit der Quantentheorie kompatibel ist, davon ausgehen kann, daß räumlich getrennte Ereignisse voneinander unabhängig sind.» Was heißt das? Das heißt doch nichts anderes, als daß nichts im Kosmos von etwas anderem getrennt ist! **Es gibt keine Trennung zwischen Menschen, es gibt keine Trennung zwischen Mensch und Natur und es gibt keine Trennung zwischen irgendwelchen Ereignissen, wie weit diese auch immer auseinander sein mögen!**

Anders ausgedrückt bedeutet dies, daß an jedem Punkt des Universums die Informationen über das Ganze vorhanden sind. Noch deutlicher formuliert heißt das: jeder Mensch verfügt über alles Wissen im Kosmos, das Allwissen! Das haben die Weisen Asiens schon immer gesagt; das bestätigen heute die Erkenntnisse aus der Atomphysik. Zitieren wir zu diesem Thema noch einmal den Atomphysiker J.E. Charon: «Jedes Atom ist mit jedem anderen Atom im Kosmos verbunden und zwar über die Substanz (Geist!) der Antimaterie ... Alles Wissen ist potentiell allen Atomen im Kosmos zugänglich.»

Diese Erkenntnisse aus der Physik sind ungeheuerlich. Allerdings haben sie noch lange nicht Eingang in unser Denken gefunden. Was die radikalen Auswirkungen davon auf Ihr Leben, auf mein Leben, auf das Leben eines Verkäufers etc. sind, werden wir unter dem Kapitel «Das LOLA-Prinzip» diskutieren. Hier geht es darum, festzustellen, wie die Welt funktioniert.

Begonnen hat es eigentlich schon in den zwanziger Jahren unseres Jahrhunderts; und zwar mit der Quantenphysik. Sie stellte die Naturwissenschaften auf den Kopf (Sie erinnern sich: es gibt keine objektive Welt). Und sie würde auch unser Leben im positiven Sinne auf den Kopf stellen, wenn wir deren Erkenntnisse ernst nehmen würden. Der Physiker und Chaos-Forscher Paul Davies bemerkt zur Quantenmechanik folgendes: «Sie fegte – wie zuvor die Relativitätstheorie – viele tief verwurzelte Annahmen über das Wesen der Realität hinweg.» Das heißt: Die Realität ist nicht so, wie wir immer gedacht haben. Nicht Trennung herrscht im Kosmos, sondern Einheit. Das ist die Realität.

Das ist aber keine Spielerei für Physiker, das ist tägliche Realität **für jeden Menschen. In dieser Erkenntnis steckt die Lösung für alle unsere Probleme.**

Stellen Sie sich vor: Nichts, was auf der Welt (und sogar im Kosmos!) geschieht, ist von Ihnen getrennt. Und umgekehrt: was immer Sie auch tun, wirkt sich auf die ganze Welt (und den ganzen Kosmos!) aus! Spüren Sie Ihre Verantwortung? Diese Erkenntnis ist im wahrsten Sinne des Wortes atemberaubend. Was Sie tun – und denken! – wirkt sich nicht nur in Ihrer Familie oder in Ihrem Unternehmen aus, nein, es wirkt sich im ganzen Kosmos aus. Sind Sie nun ein machtvoller oder ein machtloser Mensch? Sie sehen, wir kommen immer wieder auf das gleiche Thema: auf die unvorstellbare Macht des Menschen.

Wir haben bisher festgestellt:
Die Mystiker wußten: alles ist EINS.
Die Atomphysiker wissen: alles ist EINS.

Wir können aber noch weiter gehen. Auch der Zen-Buddhismus weiß: Alles ist EINS. Das Symbol dafür ist der Kreis – und zwar ein Kreis, der von Hand mit Tusche gezeichnet wird. Der Kreis stellt die Einheit dar, er umschließt Gegensätze, er ist nicht Entweder-Oder, sondern Sowohl-alsauch. Das Symbol für unser Denken, für unsere Gesellschaft ist nicht der Kreis, sondern die mit dem Lineal gezeichnete gerade Linie. Eine Linie, die trennt. Die trennt mit der Brutalität einer Autobahn. Sie symbolisiert unser geradliniges, dualistisches, trennendes Denken. Herbert Achternbusch hat dafür einen eindrücklichen Satz geprägt: «Die Autobahn in den Gehirnen.» Wenn wir uns die gerade Linie noch mit einem Pfeil an beiden Enden vorstellen, dann sehen wir das sich Widersprechende, die Dualität. Die beiden Pfeilrichtungen streiten miteinander. Der Kampf gehört denn auch eindeutig zur Idee der aristotelischen Logik des Entweder-Oder.

Auf diese Art lassen sich unsere Probleme niemals lösen, weil die Realität – wie wir gesehen haben – ganz anders ist. Entgegen der aristotelischen Idee herrscht keine Trennung, sondern es herrscht Einheit. Die Idee der Trennung führt unweigerlich zu Konflikten; und Konflikte kosten unnötig Zeit und Geld. Konflikte sind nicht ökonomisch.

Vielleicht werden Sie jetzt einwenden, Sie seien kein Buddhist und somit mit dem östlichen Denken nicht vertraut. Mag sein. Dann sollten Sie aber zumindest mit dem christlichen Denken vertraut sein. Und hier machen wir nun eine erstaunliche Entdeckung: auch Jesus wußte natürlich, daß alles EINS ist. Da er vor 2000 Jahren gelebt hat und damals noch nicht die Kenntnisse aus der Physik vorhanden waren, über die wir seit einigen Jahrzehnten verfügen, mußte er eine andere

Formulierung finden. Er hat bekanntlich immer in Bildern gesprochen; auch mit Bildern – oder besser gesagt: nur mit Bildern – kann man komplexeste physikalische Erkenntnisse eindrücklich darstellen.

Jesus hat gesagt: «**Was ihr einem dieser Geringsten getan habt, das habt ihr mir getan**» sowie «**Ich und der Vater sind EINS**».

So etwas kann er logischerweise nur dann sagen, wenn er weiß, daß alles EINS ist. Dann machen diese Sätze Sinn, sonst nicht. Es ist also ein gewaltiger Irrtum, zu glauben, die Idee der Einheit komme ausschließlich aus dem Osten. Sie steht am Anfang des Christentums! Am Anfang des Christentums steht auch die Idee der Liebe, und, wie wir noch sehen werden, läßt sich die Liebe nicht erklären ohne die Idee der Einheit. Beides geht Hand in Hand. Insofern weist die Lehre Jesu eine bestechende Logik auf.

Vielleicht haben Sie auch schon von folgendem naturwissenschaftlichem Experiment gehört: an eine Pflanze wurde ein Meßgerät angeschlossen. Etwas entfernt davon wurden lebende Krevetten in siedendes Wasser geworfen. Was ist geschehen? Das Meßgerät hat eine Reaktion der Pflanze registriert. Das ist nur dann möglich, wenn zwischen Pflanze und Krevetten keine Trennung besteht; wenn Kommunikation vorhanden ist.

Auch dieses Experiment bestätigt die Tatsache: alles ist EINS. Und es bestätigt die Aussage: was ihr einem dieser Geringsten getan habt, das habt ihr mir getan.

Es gibt eine Kampfsportart, die auf der Idee der Einheit basiert: das Aikido. Da es auf der Idee der Einheit basiert, gibt es im Aikido konsequenterweise keine Gewinner oder Verlierer, und deshalb ist das Aikido weder an Weltmeisterschaften noch an olympischen Spielen vertreten. Etwas ist aber für unsere Betrachtungen wichtig und erstaunlich: ein ausgebildeter Aikidoka (ein Aikido-Kämpfer) kann von keinem Kämpfer aus einer anderen Sportart geschlagen werden. Ein wahrer Aikidoka ist unschlagbar, unbesiegbar. Das hat mit Macht zu tun, und mit der Idee der Einheit.

Das LOLA-Prinzip zeigt Ihnen, wie Sie in Ihrem Leben zu einem unschlagbaren «Aikidoka» werden.

Alles ist EINS – die Folgen für Ihr Leben sind unabsehbar.

2.4 Die totale Kommunikation

Eine Folge aus der Tatsache, daß alles EINS ist, wollen wir hier sogleich erwähnen: die totale Kommunikation.

In der Literatur und in Seminarien wird viel über Kommunikation geschrieben und gesprochen. Es gibt haufenweise Ausbildungsmöglichkeiten im Bereich der Kommunikationstechnik, der Präsentationstechnik, der Verkaufstechnik, der Rhetorik usw. Aber bei all diesen Techniken handelt es sich nur um die ganz kleine Spitze des Eisbergs: um die bewußte Kommunikation. Die viel umfassendere und deshalb einflußreichere unbewußte Kommunikation wird selten erwähnt.

Wenn wir die Grundsätze «Alles ist Schwingung» und «Alles ist EINS» ernst nehmen, dann herrscht im Kosmos eine totale Kommunikation – alles kommuniziert mit allem; ob wir wollen oder nicht. Niemand ist isoliert; niemand kann sich isolieren. Das hat für jeden Menschen – insbesondere aber für Management und Verkauf – dramatische Folgen. Das LOLA-Prinzip macht sich diese Tatsache zunutze. Zahlreiche Probleme sind ohne die Kenntnis dieser totalen Kommunikation nicht lösbar. Stellen Sie sich vor: **Sie kommunizieren mit allem im Kosmos und der Kosmos kommuniziert mit Ihnen!** Die Frage ist nur, ob Sie zuhören ...

Für Atomphysiker ist das offenbar selbstverständlich. Hören wir, was J. E. Charon dazu zu sagen hat: «Wer ist in unserer angeblich so fortgeschrittenen Zivilisation beispielsweise noch imstande, die Sprache von Stein und Baum zu verstehen?»

Für einen Atomphysiker ist es also klar, daß Steine und Bäume sprechen können, ja, daß der ganze Kosmos «spricht». Und da Sie und ich ein Teil dieses Kosmos sind, sind wir auch ein Teil dieser totalen Kommunikation.

Sie werden jetzt fragen: wie hilft mir das, meine Hypothek abzuzahlen? Wie hilft mir das, mein Gewicht zu senken? Wie hilft mir das, meine Ehe wieder ins Lot zu bringen? Wie hilft mir das, mehr Umsatz zu erzielen?

Es hilft. Mehr als Sie denken. Da alles EINS ist, gibt es zwischen Ihnen und Ihren Kunden, Ihren Freunden, Ihrem Bankier etc. keine Distanz. Was immer Sie denken, Sie kommunizieren es augenblicklich an die betreffende Person – wo immer sich diese aufhalten mag. Ob Sie wollen oder nicht: mit Ihrem Denken beeinflussen Sie logischerweise die Welt. Und wenn Sie Ihre Probleme lösen und Ihre Ziele erreichen wollen, dann müssen Sie die Welt natürlich im positiven Sinne beeinflussen. Bei der Beschreibung des LOLA-Prinzips werde ich näher darauf eingehen.

3. Die Folgen: die Probleme sind lösbar

Ich bin der festen Überzeugung, daß unsere Probleme nur dann lösbar sind, wenn wir die in diesem zweiten Teil beschriebenen Erkenntnisse ernst nehmen und konsequent anwenden. Wenn wir dies tun, dann können wir nicht nur unsere Probleme auf ökonomische Art lösen, sondern wir können auch unsere Ziele schneller und mit weniger Aufwand als bisher erreichen.

Es gibt Menschen, die der Meinung sind, gewisse Probleme/Konflikte ließen sich nicht lösen. Diese Menschen haben aus zwei Gründen recht: erstens, weil die Welt das ist, was jeder Mensch von ihr denkt (Kapitel 2.2) und zweitens, weil viele Probleme mit dem herkömmlichen Denken tatsächlich nicht lösbar sind.

Ich vertrete die Meinung, daß alle Probleme/Konflikte lösbar sind. Und auch ich habe aus zwei Gründen recht: erstens, weil die Welt das ist, was ich von ihr denke und zweitens, weil ich ein radikal anderes Denken vorschlage. «Keine Form der Realität ist mächtiger, belebender, wunderbarer als der menschliche Geist» sagt beispielsweise Iqbal Mohammad, der bereits erwähnte spirituelle Führer von Dutzenden von Millionen Moslems. Wie sollte da der Mensch seine Probleme nicht lösen können?

Ich fasse die Grundsätze, die meiner Meinung nach beachtet werden müssen, hier kurz zusammen:

1. Jeder Mensch muß bei sich selbst mit einer Änderung beginnen. Hören wir damit auf, uns in die Angelegenheiten anderer Menschen einzumischen.

2. Jeder Mensch verfügt über den freien Willen; er kann denken was er will. Er kann sein Denken jederzeit ändern – und verändert dadurch seine Zukunft.

3. Das Potential jedes Menschen ist nicht begrenzt, sondern unbegrenzt. Er muß dieses grenzenlose Potential einsetzen, wenn er seine Probleme optimal lösen und seine Ziele schneller erreichen will als bisher.

4. Alles ist Schwingung/Energie. Folglich ist alles beliebig veränderbar.

5. Es gibt keine objektive Welt. Die Welt ist das, was ich von ihr denke. Dies gibt jedem Menschen eine unvorstellbare Macht. Er kann mit seinem Denken die Welt verändern.

6. Alles ist EINS. Die Folgen dieser Erkenntnis sind unabsehbar; sie führen zur Elimination der Konflikte und damit zu einem extrem ökonomischen Verhalten. Das heißt: Ziele werden schneller erreicht und Probleme schneller gelöst.

7. Wir müssen uns vom begrenzenden und konfliktreichen Entweder-Oder-Denken befreien und zum Sowohl-Als-Auch-Denken übergehen. Das heißt: wir müssen aufhören, ständig über das Leben zu urteilen.

Voraussetzung für all das ist unsere Fähigkeit, die selbstauferlegten Schranken unserer herkömmlichen Glaubenssysteme niederzureißen. Anders geht es nicht.

Jeder Mensch hat in sich die Macht, über alle Umstände triumphieren zu können. Er ist mit Sicherheit nicht geboren, um im Schweiße seines Angesichts und im Kampf mit seinen Mitmenschen sein tägliches Brot zu verdienen. Er ist geboren, um sich zu entfalten, um zu siegen, um glücklich und erfolgreich zu sein. Armut, Krankheit und Unglück sind bestimmt keine erstrebenswerten menschlichen Tugenden.

Der Kosmos ist Überfluß, Gesundheit und Glück.

Das LOLA-Prinzip, das ich im dritten Teil dieses Buches beschreibe, basiert auf sämtlichen Erkenntnissen aus diesem zweiten Teil und überwindet die im ersten Teil beschriebenen menschlichen Begrenzungen. Richtig angewendet führt es zu einer unvorstellbaren Macht des betreffenden Menschen.

Dritter Teil

Das mächtige LOL^2A-Prinzip

«Wissen kann man mitteilen, Weisheit aber nicht.»

Hermann Hesse, Siddhartha

Das LOLA-Prinzip besteht aus drei Teilen; aus LO für Loslassen, aus L für Liebe und aus A für Aktion = Reaktion. Ich beginne mit der Beschreibung des Gesetzes Aktion = Reaktion, weil dieses die Basis für die anderen zwei Teile darstellt. Ohne ein genaues Verständnis dessen, was ich mit Aktion = Reaktion bezeichne, ist sowohl das Thema «Loslassen» als auch das Thema «Liebe» meiner Meinung nach nicht klar nachvollziehbar.

Das L^2 im Wort LOL^2A steht für die Tatsache, daß sich die Leistung eines Menschen beim Einsatz von mehr Liebe nicht einfach linear erhöht, sondern im Quadrat. Sie können das Wort LOL^2A nämlich als Formel betrachten und zwar wie folgt: Loslassen mal Liebe im Quadrat mal A (wobei A = 1 sein muß, weil Aktion = Reaktion ein neutrales Gesetz ist). Sie erhalten damit die von einem Menschen erbrachte Leistung! Diese Formel entspricht genau dem für die Elektrizität so wichtigen Ohm'schen Gesetz! Wenn die Spannung (= Energie = Liebe) erhöht wird, dann nimmt die Leistung im Quadrat zu. Sie können es auch so sehen: für den Fluß des Lebensstromes gelten die genau gleichen Gesetze wie für den Fluß der Elektrizität!

1. Aktion = Reaktion

«Nichts wird von Dämonen bewirkt, es gibt keine Dämonen. Jeder kann zaubern, jeder kann seine Ziele erreichen, wenn er denken kann, wenn er warten kann, wenn er fasten kann.»

Hermann Hesse, Siddhartha

1.1 Eine Lektion Physik mit Folgen: Die Funktionsweise unseres Denkens

Aus der Physik kennen wir das Gesetz Aktion = Reaktion. Das bedeutet ganz einfach: wenn ich mit 10 kg gegen eine Wand drücke, dann drückt die Wand ebenfalls mit 10 kg gegen mich. Wenn ich mit 20 kg gegen die Wand drücke, dann drückt die Wand mit 20 kg gegen mich. In diesem Kapitel geht es darum, dieses physikalische Gesetz auf unser Denken anzuwenden.

Wir befassen uns also mit unserem Denken und dessen Folgen.

Erstens: was ist ein Gedanke?

Da alles Schwingung respektive Energie ist, ist auch ein Gedanke Schwingung respektive Energie. Ein Gedanke ist also nicht nichts. Er ist auch nicht etwas, das sich ausschließlich in unserem Körper drin abspielt. Der Mensch ist ein vollkommener Sender; er sendet permanent Gedanken aus. Jeder Gedanke entspricht einer bestimmten Schwingung und somit einem bestimmten Energiepotential, das den Menschen – den Sender – verläßt. Wir können deshalb auch von einem Gedanken als Energiekörper sprechen. Es ist ganz wichtig, daß wir uns das vorstellen können. Jeder Gedanke, den wir denken, stellt einen Energiekörper dar. Je nach der Größe dieses Energiepotentials sind logischerweise auch die Wirkungen der Gedanken verschieden. Es gibt starke und es gibt schwache Gedanken. Da alles andere auch Schwingung ist, können wir mit unseren Gedanken auf alles andere einwirken.

Da jeder Gedanke ein Energiepotential besitzt, hat jeder Gedanke die Tendenz, sich zu verwirklichen; diese Tendenz ist natürlich umso größer, je größer das Energiepotential des betreffenden Gedankens ist.

Je kraftvoller Ihr Denken, desto größer ist somit die Chance, daß sich Ihre Gedanken verwirklichen. Freude und Begeisterung sind beispielsweise energievolle Gedanken, welche zu entsprechenden positiven Ergebnissen führen. Ein konsequent positives, freudvolles Denken ist also keine Schönfärberei, sondern hat einen ganz handfesten physikalischen Hintergrund. Es sind Energien, die im Leben des betreffenden Menschen mit mathematischer Gewißheit zu positiven Resultaten führen. Aber vergessen wir eines nicht: Gedanken der Angst sind oft auch sehr energiegeladen; und auch diese haben die Tendenz, sich mit mathematischer Gewißheit zu verwirklichen. Deshalb sind Gedanken der Angst niemals vorteilhaft.

Gehen wir jetzt einen Schritt weiter.

Ähnliche Gedanken haben ähnliche Schwingungen und ziehen sich deshalb an. Dies führt dann zu sogenannten Gedankenkörpern, die natürlich über ein viel größeres Energiepotential verfügen, als ein einzelner Gedanke. Dies hat nun ganz entscheidende Folgen für ein Unternehmen, für ein Volk und für die gesamte Menschheit. Stellen wir uns folgendes vor: ein Unternehmen beschäftigt 1000 Mitarbeiter. Alle diese Mitarbeiter denken etwas vom Morgen bis zum Abend. Es ist nun absolut entscheidend für den Erfolg dieses Unternehmens, <u>was</u> diese Mitarbeiter denken – und zwar jeder einzelne. Die Gedanken aller Mitarbeiter summieren sich zu einem gewaltigen Energiepotential. Ist dieses eher positiv, dann ergeben sich entsprechende Resultate; ist dieses eher negativ, dann führt dies zu entsprechenden negativen Resultaten. Die Geschäftsleitung kann machen was sie will, wenn die Mehrheit der Mitarbeiter negativ denkt, dann hat sie keine Chance. Ein Unternehmen kann tatsächlich zum Erfolg oder zum Mißerfolg gedacht werden; aber nicht nur vom Management, sondern von allen Mitarbeitern gemeinsam. Das ist reine Physik. Es sind Energien, die zur Verwirklichung drängen. Letztlich ist Management nichts anderes als Energiemanagement.

Ein schönes Beispiel für das, was ein genügend großes Energiepotential vermag, ist für mich der Fall der Berliner Mauer. Solche Dinge sind natürlich kein Zufall. Die Mauer ist genau dann gefallen, als die Gedankenenergien der Freiheit größer wurden als die Gedankenenergien der Unfreiheit. Alles ist eine Frage der Energie.

Also stellen Sie sich bitte ernsthaft die Frage, was für Energien Sie von morgens bis abends produzieren. Da Sie über den freien Willen verfügen, können Sie denken, was Sie wollen; und Ihr Denken bestimmt die Energien, die Sie freisetzen. Welche Energien wollen Sie in Ihrem Leben freisetzen? Energien der Angst oder Energien der Liebe? Denken Sie daran, das hat Folgen in Ihrem Leben.

Wir gehen noch einen Schritt weiter.
Von der Physik wissen wir, daß keine Energie verloren gehen kann. Dies gilt auch in dem uns interessierenden geistigen Bereich. Keine Energie geht verloren heißt: **kein Gedanke geht verloren!**

Was immer Sie denken, was immer Sie gedacht haben und was immer Sie denken werden – nichts geht verloren! Was denken Sie? Mit jedem Gedanken produzieren Sie Energien, die niemals verloren gehen. Und diese Energien haben die Tendenz, sich zu verwirklichen.

Es ist jetzt ganz entscheidend, Folgendes nicht aus den Augen zu verlieren: was immer Sie bisher gedacht haben, können Sie nicht mehr ändern; was Sie aber können, ist, Ihr Denken ab sofort ändern – und zwar dank dem wunderbaren Geschenk des freien Willens. Und durch die Änderung Ihres Denkens produzieren Sie **ab sofort** andere Schwingungen, andere Energien – und somit eine andere Zukunft. Die Vergangenheit können Sie nicht ändern, aber Ihr Denken können Sie **JETZT** ändern, wenn Sie wollen.

Wir gehen noch einen Schritt weiter.
Jetzt kommt das Gesetz, das diesem ganzen Kapitel seinen Namen verliehen hat: Aktion = Reaktion. Und das heißt: **jeder Gedanke kehrt zum Sender zurück.**

Sie senden Gedanken; das ist die Aktion. Was zu Ihnen zurückkommt, ist die Reaktion. Stellen Sie sich vor: **was immer Sie denken, es kommt zu Ihnen zurück!** Dies ist genial und – in Verbindung mit dem Prinzip des freien Willens – die größte Gerechtigkeit im Kosmos. Ich kann mir keine Gesetzmäßigkeit vorstellen, die gerechter ist, als diese. Was immer Sie denken, das heißt hinaussenden, kehrt zu Ihnen zurück.

Die Konsequenzen daraus sind so dramatisch, daß wir uns etwas eingehender damit befassen müssen.

Nehmen wir an, Sie kritisieren einen Menschen. So bedeutet dieses Gesetz nicht, daß auch Sie von dem betreffenden Menschen kritisiert werden. Es bedeutet, daß von irgendwoher Ihr Gedanke in der genau gleichen Qualität zu Ihnen zurückkommt. Vielleicht werden Sie von einer anderen Person kritisiert, vielleicht kommt er aber auch als gesundheitliches Problem oder – wie in meinem Fall – als Entlassung zurück. Auf diese Art habe ich nämlich am eigenen Leibe das Gesetz von Aktion = Reaktion kennengelernt. Nach meinem Studium hatte ich eine Stelle als Assistent des Geschäftsführers eines mittleren Unternehmens. Natürlich wußte ich alles besser als mein Chef, schließlich hatte ich ja studiert und er nicht. Aus meiner Sicht machte er alles falsch. Ich kritisierte und kritisierte. Ich begann den Mann sogar zu hassen und habe ihn in Gedanken wohl mehrfach umgebracht. Plötzlich kam es zu einem Eklat und ich stand von einem Tag auf den anderen ohne Arbeit auf der Straße. Zu meinem Glück habe ich mich dann aber nicht so verhalten wie viele heutige Arbeitslose. Ich habe nicht dem Chef oder der Rezession die Schuld gegeben, sondern ich habe bei mir gesucht. Ich habe die Verantwortung für meine Situation übernommen und deshalb sehr rasch festgestellt, welche negativen Energien ich durch meine Kritik in die Welt gesetzt hatte. Und diese Energien sind mit aller Konsequenz und Brutalität auf mich zurückgefallen. Das nenne ich Gerechtigkeit.

Die Konsequenzen dieses Gesetzes gehen aber noch viel weiter. Wenn ein anderer Sie kritisiert oder betrügt, was geschieht dann? Dann hat dieser andere – und nicht Sie – die Folgen seines Denkens und Tuns zu tragen. Stellen Sie sich einmal vor, wie ökonomisch das ist! Sie brauchen nicht den kleinen Finger zu rühren, um sich zu rächen. Der Kosmos ist so organisiert, daß die Reaktion unfehlbar auf den Urheber der Aktion zurückfällt. Das war doch auch der Grund, weshalb Jesus sagen konnte, «wenn Dich einer auf die linke Wange schlägt, dann biete ihm auch die rechte dar.» Wenn Sie nämlich zurückschlagen, dann erweisen Sie sich selbst absolut keinen Dienst, weil alles wieder zu Ihnen zurückkommt.

Das Gesetz von Aktion und Reaktion ist wirklich genial. Es hat nämlich noch folgende Konsequenz: Sie können sich selbst nichts Besseres tun, als daß Sie einem anderen das Beste wünschen. Was immer Sie einem anderen antun, das kommt zu Ihnen zurück. So seltsam es tönt: der größte «Egoist» ist jener, der den anderen möglichst viel Gutes tut! Und umgekehrt: derjenige, der nur an sich denkt, der den anderen nichts gönnt, der schadet sich am meisten.

Ist das nicht gewaltig? Ich stehe immer voller Ehrfurcht vor diesem gerechten Gesetz.

Stellen Sie sich vor, die Mehrzahl der Menschen wüßte das! Das würde bedeuten, daß unsere Probleme augenblicklich gelöst wären; jeder würde sofort den anderen Menschen nur das Beste wünschen, weil er weiß: es kommt zu ihm zurück. Ob die anderen Menschen dieses Gesetz kennen oder nicht, spielt für Sie keine Rolle. Es geht um Ihr Leben. Es geht darum, daß Sie sich Ihre Wünsche erfüllen können; was die anderen tun, ist deren Sache, nicht Ihre.

Was wollen Sie also in Ihrem Leben erfahren? **Wollen Sie Gesundheit, Glück, Wohlstand, Erfolg?** Dann können Sie nichts Besseres tun, als dies möglichst allen Menschen zu wünschen, denen Sie begegnen – und auch jenen, denen Sie nicht begegnen. **Die Distanz spielt nämlich im Bereich des Denkens keine Rolle.** Das haben auch die Physiker eindeutig festgestellt. Es spielt also keine Rolle, ob der Meier vor Ihnen sitzt, wenn Sie ihm etwas Gutes oder Schlechtes wünschen, oder ob er in diesem Moment auf Hawaii in den Ferien weilt. Im geistigen Bereich gibt es keinen Raum. Stellen Sie sich diese Konsequenzen für die Lösung – oder Verschlimmerung – von Konflikten in Unternehmen oder in der Familie vor! Stellen Sie sich die Konsequenzen vor für einen Verkäufer. Es spielt eine Rolle, was er über seine Kunden denkt, auch dann, wenn er weit von ihnen entfernt ist.

Diese gewaltige Sache kann jeder in seinem eigenen Leben ausprobieren. Es hat nichts mit Glauben zu tun; dies ist reine Physik. Wenn Sie einen Gedanken denken, dann ist das so, wie wenn Sie einen Stein in einen See werfen. Rundherum breiten sich Wellen aus. Und diese Wellen kommen unfehlbar zu dem Ort zurück, an dem der Stein in das Wasser getaucht ist. Genauso ist es mit unseren Gedanken. Nur sind im geistigen Bereich keine Widerstände vorhanden. Die Gedanken kommen folglich mit der gleichen Energie zurück, mit der Sie diese weggeschickt haben! Also passen Sie auf Ihre Gedanken auf!

In der Praxis läßt sich noch eine weitere interessante Sache feststellen. Kritisiert man jemanden, der selbst auch kritisiert, dann dauert die Reaktion länger, als wenn man jemanden kritisiert, der selbst nicht kritisiert. In diesem Fall kommt der Rückstoß viel schneller. Ich habe mehr als einen Fall erlebt, wo ein Mensch einen Entlassenen kritisiert hat, weil er dachte, dies sei auf die Unfähigkeit des Entlassenen zurückzuführen und deshalb geschehe es ihm recht. Es hat jeweils keine sechs Monate gedauert, da war der Kritisierende auch entlassen und arbeitslos. Es kann unter Umständen sehr schnell gehen. Je stärker aber jemand in der Materie verhaftet ist, desto länger kann es dauern, bis die Reaktion kommt. <u>Und genau das ist der Grund dafür, weshalb so viele Leute vom Zufall sprechen</u>. Es heißt dann, dieses oder jenes sei Zufall. Das ist eine große Illusion. **Wir nennen Zufall, was wir nicht erklären können.** Wenn wir aber eine weitere Sichtweise hätten – wie die Sicht aus einem Flugzeug – dann würden wir plötzlich die Zusammenhänge sehen. Wir würden plötzlich sehen, daß dieses sogenannt zufällige Ereignis lediglich die

Reaktion ist auf etwas, das wir schon lange gedacht und vergessen haben.

Manchmal kann die Reaktion aber auch schnell eintreten und dann sind die Zusammenhänge einfach ersichtlich. Meine Frau hatte ein solches Erlebnis, als sie mit einer Freundin nach Zürich ging. Während der Bahnfahrt nach Zürich kritisierte diese Freundin nach links und nach rechts. Beim einen gefiel ihr das Gesicht nicht, bei der anderen fand sie das Kleid scheußlich. Kurz und gut: die ganze Bahnfahrt war gespickt mit lauter Kritik an anderen Menschen. In Zürich angekommen, gingen sie zu Fuß in Richtung Bahnhofstraße. Da kam ihnen ein Betrunkener entgegen. Auf der Höhe der Begleiterin meiner Frau angekommen, spuckte der Mann auf den Ärmel dieser Dame! Die Reaktion dieser Frau können Sie sich wohl vorstellen. Sie war natürlich wütend und hat die verdorbene Welt verurteilt. In Tat und Wahrheit aber war dies nichts Anderes als die Reaktion auf ihre vorhergehenden Aktionen. Sie hatte während der Bahnfahrt permanent gespuckt, geistig zwar, aber das tut nichts zur Sache. Sie hatte als materielle Reaktion genau das erhalten, was Sie geistig den anderen angetan hatte. Es ist völlig unmöglich, daß meine Frau von diesem Betrunkenen angespuckt worden wäre. **Niemand wird zufällig angespuckt, niemand wird zufällig ausgeraubt, und niemand wird zufällig umgebracht.**

Es gibt keinen Zufall im Kosmos.

Weil es das absolut gerechte Gesetz von Aktion und Reaktion gibt. Dieses Gesetz ist unfehlbar. Dieses Gesetz hat nichts mit Moral zu tun. Es ist weder gut noch schlecht. Es ist. Das heißt: es ist a-moralisch. Dieses Gesetz war, ist und wird immer so sein.

Mit unserem Denken erschaffen wir unsere Realität. Was immer Sie in Ihrem Leben erfahren (erleiden, erdulden, ertragen etc.): Sie sind der Urheber dieser Dinge. Und das bedeutet: **Sie können alles ändern!** Das Sichtbare ist immer die Manifestation des Unsichtbaren. Das Unsichtbare ist Ihr Denken und Fühlen.

Wußten Sie, daß dies das «Jüngste Gericht» ist? Jüngst bedeutet ja nichts anderes als soeben, gerade jetzt; so jung, daß es nicht mehr jünger geht. Und worin besteht dieses Gericht, das JETZT stattfindet? Es besteht ganz einfach darin, daß Sie das ausbaden müssen, was Sie sich selbst eingebrockt haben. Wer sonst hätte das Recht, über Sie zu urteilen, außer Ihnen selbst? JETZT ist das Ergebnis Ihrer vergangenen Gedanken.

Ihre Zukunft hängt von dem ab, was Sie JETZT denken. Was denken Sie JETZT? Denken Sie in Ihrem Interesse und im Interesse aller anderen nur das Beste über sich selbst und über die anderen.

Sie sehen, der Kosmos ist unvorstellbar einfach organisiert. So einfach und genial, daß wir nicht ohne weiteres darauf kommen, obwohl ... auch diese Weisheit unserer Sprache längstens bekannt ist. Wer kennt nicht den Ausspruch «Wie man in den Wald hinein ruft, tönt es zurück»? Wir brauchen diesen Satz nur nicht rein materialistisch zu interpretieren. Abgewandelt könnte man sagen: «Wie man in die Welt hinaus denkt, tönt es zurück.» Eine andere altbekannte Weisheit lautet: «Wie die Saat, so die Ernte.» Die Saat, das sind unsere Gedanken, die wir von morgens bis abends ununterbrochen denken. Die Ernte ist das, was zurückkommt, die Reaktion auf unsere Gedanken. So einfach ist das.

Folglich: sollte Ihre Ernte schlecht, oder zumindest unbefriedigend, sein, dann müssen Sie sich unbedingt die Frage stellen, wie Ihre Gedankensaat ausgesehen hat. Sollte Ihnen jetzt ein kalter Schauer über den Rücken laufen, weil Sie in der Vergangenheit vielleicht nicht nur edle Gedanken gedacht haben, dann kann ich Sie beruhigen. Ihre Gedanken kommen zwar unweigerlich zu Ihnen zurück, aber Sie können sich gegen negative Einflüsse schützen. Von dem Moment an, wo Sie beginnen, positive, konstruktive Gedanken zu denken, schützen Sie sich. Sie verändern dadurch Ihre Schwingungen und dies dämpft die Reaktion der zurückkommenden Gedanken ab. Wenn Sie Ihr Denken sofort auf Liebe umstellen könnten, dann würde Ihnen der Rückstoß auch der schlimmsten Gedanken nichts mehr anhaben können. Liebe hat eine stärkere Schwingung als alle anderen Gedanken.

Wußten Sie, daß Jesus dieses Gesetz auch gekannt hat? Natürlich hat er nicht von Aktion und Reaktion gesprochen, das hätten die Menschen seiner Zeit wohl kaum verstanden. Er hat es so ausgedrückt: «**Richtet nicht, auf daß Ihr nicht gerichtet werdet.**» Was ist das anderes, als das Gesetz von Aktion = Reaktion? Wer einen anderen richtet (Aktion), der wird selbst gerichtet (Reaktion). Das ist ein universelles Gesetz. Es funktioniert aber auch andersherum: wer einem anderen Gutes tut, dem wird Gutes widerfahren.

Wie wirkt sich das Gesetz von Aktion = Reaktion im Bereich der Finanzen aus? Wir haben dort den Begriff der «Ausgaben». In diesem Wort steckt das Wort «Gaben» drin. Bei den Ausgaben handelt es sich um eine Gabe; eine Gabe, die ich einem anderen zukommen lasse. Die Gabe, die Ausgabe, ist die Aktion. Und die Reaktion auf diese Ausgabe, das sind die Einnahmen. Meißeln Sie sich das bitte unauslöschlich in Ihre Gehirnwindungen: Ihre Einnahmen sind die Reaktion auf Ihre Ausgaben. Ohne eine Gabe (Ausgabe) keine Einnahmen. Und jetzt sehen wir, daß es ganz entscheidend ist, mit welcher geistigen Haltung wir die Ausgaben tätigen. Machen wir das zurückhaltend, dann kommen die Einnahmen zurückhaltend. Machen wir das großzügig, dann kommen die Einnahmen großzügig. Wunderschön hat dies Hans C. Leu, der wohl erfolgreichste Hotelier der Schweiz, in einem Interview ausgedrückt (und in seinem Hotel Giardino in Ascona demonstriert er täglich die Wirksamkeit dieses Gesetzes): «Wer die Butterrölleli abzählt, bringt es zu nichts. Großzügigkeit sollte für jeden Gastgeber eine Tugend sein.» Aktion = Reaktion. Wenn die Ausgaben krämerhaft, mißlaunig oder mit der Idee «das sind Halsabschneider» erfolgen, dann braucht man sich über die Reaktion, über die krämerhaften Einnahmen, nicht zu wundern. Was geschieht denn tatsächlich, wenn ich sage «dies ist teuer»? Dann würdige ich die Leistung eines anderen nicht genügend! Ich denke, daß das, was ich erhalten habe, weniger wert ist, als was ich dafür bezahlt habe. **Auf diese Weise wird Armut erzeugt!!!** Das ist unausweichlich so. Auf diese Weise haben wir die Rezession hervorgerufen. Wer findet, daß das, was er kauft, zu teuer ist, der erhält folglich für sein Geld immer einen kleineren Gegenwert – letztlich macht er sich damit zu einem armen Mann. Die tiefere Ursache ist die: er anerkennt die Leistung der anderen nicht genügend (Aktion) und folglich wird auch seine Leistung nicht genügend anerkannt (Reaktion).

Mit dem gleichen Mechanismus wird aber auch Reichtum erzeugt. Wer ein Produkt kauft und dabei denkt, «das ist preisgünstig», der anerkennt die Leistung eines anderen, folglich wird auch seine Leistung entsprechend anerkannt werden. Und wenn er denkt «preisgünstig», dann heißt das, er erhält wertmäßig mehr, als was er dafür ausgegeben hat. Folglich wird er dadurch immer reicher werden – er erhält ja immer mehr, als er gibt! Der Preis einer Sache spielt dabei absolut keine Rolle. Was zählt, ist unsere Vorstellung von «teuer» oder «preisgünstig» in unserem Kopf. Armut und Reichtum werden im Kopf «hergestellt».

Der Inhaber einer Baumalerei in Frankreich, die innerhalb von 10 Jahren von 3 Mitarbeitern auf 200 Mitarbeiter gewachsen ist, hat es so formuliert: «Man muß zuerst geben, wenn man erhalten will.» Er bezahlt natürlich mehr als den Minimallohn und er macht möglichst oft Geschenke.

Das Schlimmste, was ein Unternehmen oder ein Mensch bezüglich seiner Finanzen tun kann, ist, alles als «zu teuer» zu betrachten und seine Ausgaben auf ein Minimum zu reduzieren. Das ist nichts anderes als die praktische Anwendung des einfachen universellen Gesetzes von Aktion = Reaktion. Sagen Sie jetzt bitte nicht, dies sei eine schöne Ethik oder Gefühlsduselei, aber die Realität sehe ganz anders aus. Das stimmt nicht. Dieses Gesetz hat nichts mit Ethik, hat nichts mit Moral zu tun. **Im Universum gibt es keine Moral!** Die Natur kennt keine Moral. Moral ist das Werk des Menschen, um andere Menschen zu beherrschen. Woher nimmt ein Mensch das Recht, über andere Menschen zu urteilen? Das widerspricht dem tiefsten Grundsatz des Christentums.

Meiner Meinung nach ist dies ein sehr gefährliches Gesetz für jene, die davon nichts wissen. Ich wurde deswegen arbeitslos. Ein Mann verlor deswegen innerhalb von wenigen Wochen die Hälfte seiner Sehkraft; er wollte seinen Schwiegersohn nicht mehr sehen. Wer es aber kennt, dem eröffnen sich ungeahnte Möglichkeiten.

Ich erinnere nochmals daran, daß dieses Gesetz nicht nur für einen einzelnen Menschen gilt, es gilt auch für eine Familie, für ein Unternehmen, für ein Volk und für die ganze Menschheit. Die Summe des Denkens eines Volkes bestimmt sein «Schicksal». Was die Katastrophen betrifft, so gibt es zwei Kategorien: Es gibt Katastrophen, welche eine Folge natürlicher Veränderungen im Kosmos sind. Viele Katastrophen sind aber schlicht und einfach eine Folge des menschlichen Denkens, das heißt, der Energien, die dadurch freigesetzt werden. Die Erde ist krank von diesem Denken. Wenn wir in uns drin Konflikte haben, so ist es wohl naheliegend, daß es draußen in der Welt Konflikte gibt. Wir brauchen uns darüber nicht aufzuregen – das verschlimmert die Sache nur –, wir brauchen lediglich unser Denken zu ändern. Alles hat seinen Ursprung in unserem Denken. Die Umweltverschmutzung ist nicht das Problem; das Problem ist unser Denken. Die eigentlichen Verschmutzer dieser Erde sind psychischer Natur, es sind unsere Gedanken. Die materielle Verschmutzung ist lediglich eine Folge der geistigen Verschmutzung.

Also aufgepaßt auf Ihr Denken.

Worauf wir uns konzentrieren, das wächst.

Ich will hier auf eine weitere, viel zu wenig beachtete Konsequenz unseres Denkens aufmerksam machen. Wenn Gedanken Energien sind, dann bedeutet das doch, daß wir der Sache Energie verleihen, auf die wir uns konzentrieren. Einverstanden? Alles ist Energie, und mit unserem Denken fügen wir weitere Energie hinzu. Die Folgen dieser Tatsache sind erstaunlich:

Wenn wir uns auf unsere Schwächen konzentrieren, dann wachsen diese.
Wenn wir uns auf Krankheit konzentrieren, dann wächst diese.
Wenn wir uns auf die Konkurrenz konzentrieren, dann wächst diese.
Wenn wir uns auf einen Mangel an Geld konzentrieren, dann wächst dieser Mangel.
Wenn wir uns auf das Drogenproblem konzentrieren, dann wächst das Drogenproblem.
Aber natürlich gilt auch folgendes:
Wenn wir uns auf Wohlstand konzentrieren, dann wächst der Wohlstand.
Wenn wir uns auf Gesundheit konzentrieren, dann wächst die Gesundheit.
Wenn wir uns auf Frieden konzentrieren, dann wächst der Friede.
Worauf konzentrieren Sie sich?

Ein kleines Beispiel: Auf dem Regionalbahnhof in meiner Nähe wurde ein Mann tätlich angegriffen und niedergeschlagen. Die Geschichte kam mit Foto auf der ersten Seite der Regionalzeitung. Wer die Gesetzmäßigkeiten nur ein wenig kennt, der kennt auch die Folgen dieser Berichterstattung. Tausende von Menschen beugen sich über diesen Artikel, finden es ganz schlimm, was da vor ihrer Haustüre geschehen ist – und geben damit der Idee der Aggression weitere Energie. Das ist so, wie wenn man Öl ins Feuer gießen würde. Durch dieses Ereignis und die groß aufgemachte Berichterstattung darüber wurde die Aggression in der Welt erhöht, das heißt, die Gefahr für weitere Aggressionen wurde gesteigert. Wollen wir das tatsächlich? Ich meine: wir wissen nicht, was wir tun – was wir mit unserem Denken anrichten. Unser Denken hat viel weitreichendere Folgen, als wir uns dies vorstellen. Schauen wir uns aber einmal die wahren Tatsachen auf dem erwähnten Regionalbahnhof an, dann müssen wir feststellen, daß täglich Tausende von Menschen auf den Bahnhof gehen, den Zug besteigen und von keinem Menschen dabei belästigt werden. **Das** sind die Tatsachen. Da sich niemand darüber freut, geben wir dieser Tatsache mit unserem Denken leider keine Energie. Sobald aber **ein** negatives Ereignis stattfindet, regen wir uns auf und geben diesem negativen Ereignis noch zusätzliche Energie, was bedeutet, daß wir die negativen Ereignisse fördern.

Kürzlich hat sich der Tagesschau-Sprecher am Schweizer Fernsehen darüber beklagt, daß die Zahl der Drogensüchtigen zugenommen habe, obwohl doch zahlreiche Millionen Schweizer Franken in eine Anti-Drogenkampagne investiert wurden! Natürlich hat das Drogenproblem zugenommen; anders kann es nicht sein, weil durch diese Anti-Drogenkampagne dem Drogenproblem ja laufend Energie zugeführt wird. Auf diese Weise ist weder das Drogenproblem noch ein anderes Problem lösbar. Kein einigermaßen vernünftiger Mensch kommt auf die Idee, ein Feuer zu löschen, indem er dem Feuer laufend Sauerstoff hinzufügt. Genau das tun wir aber, sowohl mit unseren privaten als auch mit unseren gesellschaftlichen Problemen.

Dieser Mechanismus gilt natürlich auch im Sport. Ein Sportler, der sich zu stark auf seine Schwächen konzentriert, wird keine überragenden Leistungen zustande bringen. Ein wirklich außergewöhnlicher Sportler wird der, der sich über seine Stärken freuen kann. Wer seine Schwächen nicht beachtet, betreibt keine Augenwischerei, sondern wendet ein fundamentales geistiges Gesetz an: er gibt seinen Schwächen keine Energie, keine Kraft; und somit werden diese immer kleiner. Schwächen werden nicht kleiner, indem man sich darauf konzentriert, sondern indem man sich auf die Stärken konzentriert!

Aber was machen zahlreiche Einzelpersonen und Unternehmen? Sie lassen sich analysieren, um die eigenen Schwächen herauszufinden. Sie glauben, dadurch die Schwächen überwinden zu können. Das funktioniert entweder gar nicht, oder nur mit einem riesigen Aufwand – und das ist alles andere als ökonomisch. Durch die Konzentration auf die Schwächen wird diesen zusätzliche Energie zugeführt – also genau das, was wir nicht wollen.

Die geistigen Gesetzmäßigkeiten sind unveränderlich, unbestechlich und allgegenwärtig. Deshalb gibt es nur eine logische und vernünftige Einstellung, und die lautet:

> Wie immer Ihr Leben im heutigen Moment aussieht, konzentrieren Sie sich konsequent nur auf die positiven Ereignisse; dadurch werden sich diese vergrößern. Das ist so sicher wie der morgige Sonnenaufgang. Selbst wenn Sie in der schlimmsten Pechsträhne Ihres Lebens stecken, Sie werden immer etwas finden, woran Sie sich freuen können.

1.2 Was ist die Welt?
Der Schlüssel zur menschlichen Macht

Ich kann mich hier relativ kurz fassen, weil wir dieses Thema schon im zweiten Teil unter dem Titel «Es gibt keine objektive Welt» behandelt haben.

Was ist die Welt?
Die Welt ist das, was Sie von ihr denken.

Dieser Satz gibt Ihnen eine unvorstellbare Macht. Auch hier haben wir es wiederum mit dem Gesetz von Aktion und Reaktion zu tun.

Was bedeutet das nun für Ihr Leben?

Es bedeutet, daß für Sie das wahr ist, was Sie als Wahrheit betrachten. Nehmen wir zwei Beispiele: Sie haben zwei Verkäufer. Der eine Verkäufer sagt: «Unsere Preise sind zu hoch.» Der andere Verkäufer sagt: «Unsere Preise sind richtig.» Welcher Verkäufer hat recht? Beide haben recht, da es keine objektive Wahrheit gibt. Jeder Mensch hat seine eigene Wahrheit. Und dies ist die einzige solide Ausgangsbasis für eine konstruktive Diskussion. Wenn Sie nämlich mit der Vorstellung von «wahr» und «unwahr» in eine Diskussion mit Ihren zwei Verkäufern gehen, dann führt das zu nichts – außer zu Streit. Sie haben Recht, der andere hat Unrecht. Das Ärgerliche an der Sache ist nur, daß der andere die Dinge genau umgekehrt sieht. Wenn Sie aber mit der Vorstellung von «jeder hat seine eigene Wahrheit» in eine solche Diskussion gehen, dann ist ein konstruktives Gespräch möglich. Dann können Sie herauszufinden versuchen, weshalb der eine Verkäufer denkt, die Preise seien zu hoch; und vor allem können Sie ihm erklären, was er sich damit antut. Er hat nämlich recht; für ihn sind die Preise zu hoch – und entsprechend wenig wird er verkaufen. Sicher entspricht das nicht seinen Zielsetzungen.

Vor vielen Jahren war ich in einem Unternehmen mit rund dreißig Verkäufern tätig. Da gab es einen Mann in München, der hat regelmäßig doppelt so viel verkauft wie der Durchschnitt der anderen Verkäufer. Der Grund dafür war ganz einfach. Vor Jahresbeginn wurden jeweils die Verkaufsbudgets für das neue Jahr festgelegt. Diese Budgets beliefen sich auf zirka 1 Million Franken Umsatz pro Verkäufer (es handelte sich um Computer und Software). Entscheidend für den Umsatz am Jahresende war jetzt einzig und allein das, was jeder einzelne Verkäufer über dieses Budget dachte. Die Mehrzahl der Verkäufer dachte, «es wird hart werden, aber ich werde es versuchen». Der Top-Verkäufer dachte natürlich etwas ganz anderes. Er dachte, «mit einer Million Umsatz gebe ich mich doch nicht ab; ich mache mindestens zwei Millionen». Und so war es dann auch – Jahr für Jahr. Die Durchschnittsverkäufer bekamen recht: es war hart. Einige lagen etwas über dem Budget und einige etwas darunter. Der Top-Verkäufer bekam ebenfalls recht: es war möglich.

Ich kann es nicht ändern: die Welt ist das, was Sie von ihr denken. Der Markt ist das, was Sie von ihm denken. Ihre Kunden sind das, was Sie von ihnen denken. **Sie sind das, was Sie von sich denken.** Das bedeutet Macht, Macht und nochmals Macht.

Ein schönes Beispiel für diesen Grundsatz hat sich in unserer Nachbarschaft ereignet. In einem Einfamilienhaus mit Wachhund wurde eingebrochen – trotz Wachhund. Der Mechanismus läuft hier wie folgt ab:

Erstens: Die Bewohner des Einfamilienhauses haben Angst vor einem Einbruch. Das ist die Aktion (das Denken und Fühlen).

Zweitens: Weil diese Menschen Angst vor einem Einbruch haben, kaufen sie einen Wachhund. Der Wachhund ist das äußere Zeichen der Angst vor Einbruch.
Drittens: Es wird eingebrochen. Das ist die Reaktion.
Viertens: Die Hausbewohner werden bestätigt in ihrem Denken. Das wird sich ungefähr so angehört haben: «Siehst Du, ich hatte recht! Wir leben in einer fürchterlichen Welt. Es war richtig, daß wir Angst vor einem Einbruch hatten und uns einen Wachhund gekauft hatten. In Zukunft müssen wir noch besser aufpassen.»

Die Welt ist das, was ich von ihr denke. Und ich erhalte dafür immer die Bestätigung. Ich nenne diesen Mechanismus **«Das Rad der Gerechtigkeit»**. Jeder erhält immer Recht. Das ist das Faszinierende an der Sache. Auch das wußte schon Jesus. Er hat gesagt: **«Euch geschehe nach Eurem Glauben.»** Und so geschieht es. Wenn Sie denken, daß Sie in einer feindlichen Welt voller Einbrecher leben, dann «geschieht Ihnen nach Ihrem Glauben». Wenn Sie denken, daß Sie in einer friedlichen Welt leben, in der Ihnen nichts Böses geschehen kann, dann «geschieht Ihnen nach Ihrem Glauben». Jeder Christ weiß das. Oder?

Auch hier haben wir nichts anderes als unser bekanntes Gesetz von Aktion und Reaktion.

Ich rate Ihnen dringend, probieren Sie's aus. Ändern Sie Ihr Denken über eine bestimmte Person, über eine bestimmte Situation oder über die Welt und schauen Sie zu, was geschieht. Aber bitte, geben Sie sich Zeit. Wenn Sie während Jahren gedacht haben, der Müller sei der hinterletzte Mohikaner, dann können Sie nicht erwarten, daß sich der Müller ändert, wenn Sie Ihr Denken während einem Tag geändert haben. Ändern Sie Ihr Denken – und halten Sie es geändert, was immer auch geschieht. Sie werden Wunder erleben. Der Grund dafür ist klar, einfach und logisch:

EINS. Die Welt ist das, was Sie von ihr denken. UND: alles ist
Wie wir gesehen haben, gibt es gar keine Trennung zwischen Ihnen und dem Müller.
Sie sind der Müller. Der Müller ist Sie. **Folglich ändert sich der Müller, wenn Sie sich ändern.** Anders kann es nicht sein.

Und wenn Sie jetzt denken, das stimmt nicht; der Müller wird sich nie ändern. Dann muß ich Ihnen recht geben. Denn: die Welt ist das, was Sie von ihr denken. Und wenn Sie denken, der Müller ändert sich nie, dann ändert er sich nie. Anders kann es nicht sein.
Sie sind tatsächlich ein allmächtiger Mensch. Nicht wahr?

Sie haben nur das Gesetz von Aktion und Reaktion angewendet. Sie wenden es täglich, stündlich, minütlich und sekündlich an, ob Sie wollen oder nicht. So wie Sie dem Fallgesetz unterliegen, ob Sie wollen oder nicht.

Sollten Sie Kinder haben, so stellen Sie sich bitte einmal folgende Frage: welches ist der beste Rat, den Sie Ihren Kindern – zum Beispiel vor einer Prüfung – geben können? Sie kennen jetzt das Gesetz von Aktion und Reaktion. Welche Empfehlung geben Sie folglich Ihren Kindern?

Raten Sie Ihren Kindern, zu denken «ich weiß». Das «kostet» nicht mehr Energie, als zu denken «ich weiß nicht»; aber es bringt viel mehr. Es öffnet die universelle Intelligenz, die in jedem Menschen schlummert. Der Gedanke «ich weiß nicht», schließt die Türe zu dieser universellen Intelligenz. Die Welt ist das, was ich von ihr denke; folglich ist es sinnvoller zu denken «ich weiß», als zu denken «ich weiß nicht». Probieren Sie's aus.

1.3 Die totale Selbstverantwortung
Good bye Zufall

Wenn Sie die vorhergehenden Ausführungen überdenken, dann können Sie nur zu einem Schluß kommen: **Sie sind für alles verantwortlich, was Ihnen geschieht.**

Beachten Sie aber bitte den zweiten Teil des vorhergehenden Satzes ganz genau. Sie sind nicht nur für das verantwortlich, was Sie tun, das ist nichts Besonderes. Sie sind für alles verantwortlich, was Ihnen geschieht und zwar deshalb, weil Sie für alles verantwortlich sind, was Sie denken. Und was Sie denken, bestimmt Ihr Leben.

Geben Sie also niemals mehr irgendeinem anderen Menschen Macht über Sie selbst, indem Sie sagen «er ist verantwortlich, ich bin das Opfer».

Im Kosmos gibt es keine Opfer.
Im Kosmos gibt es keinen Zufall.

Zu dieser Erkenntnis sind auch zahlreiche Naturwissenschafter gekommen. Stellen Sie sich vor: zur Herstellung des lebenswichtigen Enzyms Cytochrom c, ein aus 104 Aminosäuren zusammengesetztes Kettenmolekül, hätte es 10^{130} Würfelmöglichkeiten benötigt. Dieses Enzym hat also beim besten Willen nicht «zufällig» entstehen können. Die Wissenschafter haben nämlich berechnet, daß seit dem Urknall, der Entstehung des Universums also, erst 10^{17} Sekunden verstrichen sind. Selbst wenn seit dem Urknall jede Sekunde einmal gewürfelt worden wäre, hätte dieses Enzym niemals zufällig entstehen können – die Zeit dazu reichte ganz einfach nicht aus.

«Und trotzdem klammern sich weite Kreise der Wissenschaft auch weiterhin an den ‹lieben Gott Zufall› – mit einer Scheuklappen-Mentalität, die alle Charakteristika psychischer Verkrampftheit besitzt.» Dies ein Satz von J.-E. Berendt in seinem eindrücklichen Buch «Nada Brahma, Die Welt ist Klang».

Und bestimmt kennen Sie den berühmten Ausspruch von Einstein: «Ich werde nie glauben, daß Gott mit der Welt Würfel spielt.»

Auch der Physiker Paul Davies macht in seinem Buch «Prinzip Chaos» eine hochinteressante Aussage: «Woher kann man wissen, ob das Werfen einer Münze oder das Würfeln wirklich zufällig ist? Darüber besteht keine Einigkeit.» (!) Wir sollten mit dem Begriff Zufall etwas vorsichtiger umgehen.

Auch mit Ihrem Leben spielt niemand Würfel – mit einer Ausnahme: Sie selbst. Was immer in Ihrem Leben geschieht, es ist kein Zufall. Der Zufall würde allen fundamentalen Lebensgesetzmäßigkeiten widersprechen. Und außerdem: wenn wir von einem Zufall ausgehen würden, dann würden wir dem Schöpfer des Kosmos wirklich herzlich wenig zutrauen. Das wäre tatsächlich eine traurige Welt, in welcher der Zufall herrscht.

Wir sind in unserem Denken dermaßen begrenzt, daß wir schlicht und einfach nicht alle Ursachen kennen, und deshalb schieben wir dann zahlreiche Dinge dem Zufall in die Schuhe. Schon 1908 hat der Wissenschafter Henri Poincaré diese Tatsache wie folgt formuliert: «Eine sehr kleine Ursache, die für uns unbemerkbar bleibt, bewirkt einen beträchtlichen Effekt, den wir unbedingt bemerken müssen, und dann sagen wir, daß dieser Effekt vom Zufall abhänge.»

Der beträchtliche Effekt, den wir bemerken, kann ein Unfall sein. Wir sagen dann zum Beispiel, ein anderer sei «zufällig» in uns hineingefahren. Aber niemand spricht von der «sehr kleinen Ursache». Diese sehr kleine Ursache ist ein bestimmtes Denken, das möglicherweise schon einige Zeit zurückliegt und an das wir uns nicht mehr erinnern. In unserer Begrenztheit sprechen wir dann von Zufall – nur weil wir die Zusammenhänge nicht kennen, weil wir die Dinge aus einer extremen Froschperspektive betrachten und nicht aus dem Ballon oder dem Flugzeug; von dort würden wir nämlich plötzlich Zusammenhänge sehen, die aus der Froschperspektive logischerweise nicht sichtbar sind.

Es ist jetzt der Moment gekommen, um ein wichtiges Thema zu diskutieren. Aus der Erfahrung mit zahlreichen Seminarteilnehmern weiß ich, welche Frage jetzt vielen Menschen durch den Kopf geht. Wenn ich behaupte «Es gibt keinen Zufall», dann heißt das doch, daß ich nicht zufällig geboren wurde, daß ich nicht zufällig die Eltern habe, die ich habe. Natürlich, das heißt es.

Bitte beachten Sie: wir sprechen hier nicht über irgendeine von Menschen gemachte Methode; wir sprechen von universellen Gesetzmäßigkeiten. Das bedeutet: entweder gibt es einen Zufall, oder es gibt keinen Zufall. Wir Menschen können aber nicht nach Lust und Laune entscheiden, was Zufall ist und was nicht. Dann wäre es ja keine universelle Gesetzmäßigkeit. Das Universum ist so unvorstellbar genial organisiert, daß es keinen Zufall gibt. Im Universum gibt es keine Ungerechtigkeit. Stellen Sie sich bitte die monstruöse Ungerechtigkeit vor, wenn jeder Mensch «zufällig» irgendwohin geboren würde. Diese Ungerechtigkeit wäre dermaßen groß, daß sie kaum zu ertragen wäre. Und es würde der universellen Intelligenz, die hinter allem wirkt, ein kümmerliches Zeugnis ausstellen. Ich erinnere daran, daß es tatsächlich Menschen gegeben hat, welche diesen Zustand nicht ertragen konnten und die sich dann konsequenterweise das Leben nahmen.

Diese Menschen haben offenbar den Zufall konsequent zu Ende gedacht.

Dies aber ist nicht meine Erfahrung, nicht meine Lehre. Es gibt keinen Zufall, auch bei der Geburt nicht. Es wäre ja noch schöner, wenn wir «zufällig» irgendwohin geboren würden. Das ergibt schlicht und einfach keinen Sinn. Damit das Ganze Sinn macht, müssen wir von der Wiedergeburt, von der Reinkarnation ausgehen – wie dies unzählige Millionen von Menschen tun, und wovon auch das Christentum ursprünglich ausgegangen ist. Der Buddhismus nennt dies das Rad der Wiedergeburten. Und es ist das Ziel eines Buddhisten, dieses Rad der Wiedergeburten zu durchbrechen, das heißt, nicht mehr auf dieser materiellen Ebene geboren zu werden.

Nach allgemein anerkannter Lehre wird der Mensch eingeteilt in Körper, Seele und Geist. Wenn der Mensch so aufgebaut ist, dann können wir davon ausgehen – nach dem Gesetz der Analogie – daß auch die Welt so aufgebaut sein muß. Das bedeutet: es gibt eine materielle Welt, die sehen wir alle; es gibt eine Astralwelt (die Seele des Menschen wird oft auch als Astralkörper bezeichnet), die sehen wir nicht; und es gibt eine geistige Welt, die wir ebenfalls mit unseren materiellen Sinnen nicht wahrnehmen können. Der Mensch «kreist» nun zwischen der materiellen Welt und der Astralwelt. Was für uns hier als Tod erscheint, ist aus der Sicht der Astralwelt eine Geburt. Was für uns als Geburt erscheint, ist aus der Sicht der Astralwelt ein Tod. Zu einem bestimmten Zeitpunkt legen wir den materiellen Körper ab und zu einem späteren Zeitpunkt betreten wir einen neuen materiellen Körper. Somit ist auch klar: der Tod existiert nicht. Das wäre kleinkariertes Denken, wenn wir glaubten, das Leben könne getötet werden. **Leben kann nie, niemals, getötet werden.** Das wußte Jesus natürlich auch. Er hat es so formuliert: «**Tod, wo ist dein Schrecken?**» Es gibt keinen Tod. Es gibt nur eines: Leben!

Wer auf diese materielle Welt kommt, der hat sich eine bestimmte Aufgabe vorgenommen. Um diese Aufgabe erfüllen zu können, braucht er gewisse Rahmenbedingungen. Diese Rahmenbedingungen schafft er sich, indem er sich seine Eltern auswählt. Mit der Auswahl der Eltern hat er natürlich gleichzeitig die Rasse, die Hautfarbe, die Region, die Nation ausgewählt. Und zwar nicht «zufällig».

Wenn das Prinzip des freien Willens Gültigkeit hat, dann muß es auch hier, bei der Auswahl der Eltern, gelten. Das hat tiefgreifende Konsequenzen.

Die Kinder sind keine unentwickelten kleinen Geschöpfe. Die Kinder sind möglicherweise weiter entwickelt als die Eltern. Und es ist nicht immer so, daß die Eltern für die Kinder da sind; oft sind die Kinder da, damit die Eltern eine bestimmte Lektion lernen.

Kürzlich habe ich folgende Begebenheit gehört: Eine Frau hat ein mißgebildetes Kind zur Welt gebracht. Diese Mißbildungen sind die Folge des sogenannten Fötalalkoholsyndroms. Seine Mutter trank während den ersten zwei Monaten der Schwangerschaft – sie wußte nicht, daß sie schwanger war – eine Flasche Wodka pro Tag. Als diese Frau erfuhr, daß sie schwanger war, hörte sie augenblicklich mit dem Trinken auf. Es war aber schon zu spät für das Baby. Natürlich brach es der Mutter fast das Herz, als sie sah, was sie angerichtet hatte. Wie wollen Sie dieses Geschehnis ohne die Wiedergeburt, ohne die freie Wahl der Eltern einigermaßen vernünftig erklären? Es ist nicht möglich.

Mit der Wiedergeburt ist das aber relativ einfach. Das Kind hat ganz bewußt diese Mutter ausgewählt. Weshalb? Natürlich deshalb, weil das Kind der Mutter helfen wollte. Und der Erfolg ist augenblicklich eingetreten: die Mutter trinkt nicht mehr. Dafür hat das «Kind», das richtig betrachtet ja gar keines ist, es auf sich genommen, in einem mißgebildeten Körper zur

Welt zu kommen. Das hat mit dem freien Willen und mit der grenzenlosen Liebe des «Kindes» zur Mutter zu tun. Deshalb ist das «Kind» bereit gewesen, diese Erfahrung auf sich zu nehmen. Und außerdem weiß das «Kind» natürlich ganz genau, daß es keinen Tod gibt und daß dieses Leben hier – aus Distanz betrachtet – relativ kurz ist.

In diesem Zusammenhang muß ich noch auf etwas Wichtiges aufmerksam machen. Der Geist kann bis zu 12 Monate nach der Geburt warten, bevor er definitiv in den Körper eines Neugeborenen eintritt. Er kann sich auch weigern, in den Körper einzutreten und das bedeutet: das betreffende Kind stirbt. Vielen dürfte der plötzliche Kindstod bekannt sein. Ein Kleinkind stirbt ohne jegliche ersichtliche medizinische Ursache. Es braucht dazu auch keine medizinische Ursache; die Ursache ist dadurch gegeben, daß sich der Geist geweigert hat (das Prinzip des freien Willens), diesen Körper zu bewohnen. Es kann auch sein, daß durch eine Zangengeburt der Schädel eines Babys ernsthaft verletzt wird. Wenn es nicht der Wunsch des betreffenden Geistes war, einen gehirngeschädigten Körper zu bewohnen, wird das betreffende Kind sterben.

Und noch etwas muß ich hier erwähnen. Wir befinden uns im Kapitel Aktion = Reaktion. Dieses Gesetz ist natürlich auch universell gültig, das heißt: über den «Tod» hinaus. Es kann sein, daß die Reaktion auf eine bestimmte Aktion erst in einem späteren Leben erfolgt. Dies ist vor allem dann denkbar, wenn eine bestimmte Aktion (zum Beispiel Mord) zu einer Reaktion führen würde, die der Betreffende im gegenwärtigen Leben nicht ertragen würde. Für das Gesetz Aktion = Reaktion stellt der «Tod» keine Schranke dar. **Der «Tod» stellt ohnehin für nichts eine Schranke dar.**

Wer das weiß, wird nie auf die Idee kommen, seinen Eltern die Schuld für eine schlechte Erziehung in die Schuhe zu schieben. Auch folgende Ausrede gilt nicht: «Ich habe den

Meier umgebracht, das tut mir zwar leid, aber ich hatte eben eine schwere Jugend.» Diese Ausrede schiebt die Verantwortung den Eltern zu, und das widerspricht den kosmischen Gesetzen. Jeder trägt die totale Verantwortung für das, was er tut, denkt und für das, was ihm geschieht.

Das gibt dem Menschen, das heißt Ihnen, eine gewaltige Macht.

Es liegt aber auch in Ihrer gewaltigen Macht, diese Macht wegzugeben; an die Eltern oder an irgendein undurchsichtiges Schicksal.

Jiddu Krishnamurti, ein gewaltiger Denker unseres Jahrhunderts, hat dies so zusammengefaßt:

«Wenn Sie nicht bereit sind, sich für alles, für wirklich alles, was in Ihrem Leben geschieht, verantwortlich zu fühlen, dann werden Sie keine Fortschritte machen.»

Ich habe dem nichts weiter beizufügen als folgendes: es ist Ihr freier Entscheid (Ihr freier Wille), ob Sie Fortschritte machen wollen oder nicht.

So viel zur Basis des LOLA-Prinzips, zum universellen Gesetz von Aktion und Reaktion.

Die weiteren Überlegungen basieren alle auf diesem fundamentalen Grundgesetz, das von Jesus wie folgt beschrieben wurde:

Richtet nicht, auf daß ihr nicht gerichtet werdet.

2. Loslassen

«Du zwingst ihn nicht, schlägst ihn nicht, befiehlst ihm nicht, weil du weißt, daß Weich stärker ist als Hart, Wasser stärker als Fels, Liebe stärker als Gewalt.»

Hermann Hesse, Siddhartha

In diesem Kapitel geht es mir darum, zu zeigen, wie Ihnen Loslassen hilft, Ihre Ziele schneller und mit weniger Aufwand als mit jeder Methode zu erreichen. In diesem Zusammenhang bitte ich Sie aber dringend, dieses Thema nicht aus einer psychologischen Sicht zu betrachten, sondern aus einer physikalischen; das Leben ist kein psychologisches «Problem», das Leben ist ein physikalisches «Problem» – wie wir noch sehen werden. Aus einer rein physikalischen Sicht eröffnen sich uns Dimensionen, die wir nie für möglich gehalten hätten.

2.1 Es geht um die Macht über Leben und Tod

In einem mittelgroßen Industrieunternehmen erkrankte der 48jährige Betriebsleiter «plötzlich» an Krebs. Rund sechs Monate später war der stämmige Mann tot.
Der medizinische Grund: Krebs.
Der tiefere Grund: er konnte nicht loslassen.

In einem Dienstleistungsunternehmen arbeitete ein außerordentlich erfolgreicher Verkäufer. Dieser Verkäufer war dermaßen erfolgreich, daß er sich mit 37 Jahren aus dem Geschäftsleben zurückziehen konnte.
Der Grund: er konnte überdurchschnittlich gut verkaufen.
Der tiefere Grund: er konnte überdurchschnittlich gut loslassen.

In einem Hotel in der Schweiz arbeitete ein Mann – ohne Deutschkenntnisse – als Kofferträger. Zehn Jahre später war dieser Mann Direktor des Hotels.
Der Grund: er hat immer sein Bestes gegeben.
Der tiefere Grund: er konnte loslassen.

Diese Beispiele könnten beliebig weitergeführt werden. Ich will damit zeigen, daß es beim Thema Loslassen tatsächlich um Leben (Glück, Wohlstand, Erfolg, etc.) und Tod geht. Wer zum ersten Mal das Wort Loslassen hört, dem kommt dies vielleicht fremdartig vor. Man kann sich das aber ganz allgemein auch so vorstellen:

Leben heißt fließen. Das wußten bereits die alten Griechen: Panta rhei = alles fließt. Wenn Leben tatsächlich «fließen» bedeutet, dann ist es klar, daß Festhalten zum Tod führt, oder nicht? Was wir festhalten, kann sich nicht mehr bewegen, kann nicht mehr fließen. Und was sich nicht mehr bewegen kann, das ist für unsere Begriffe tot. Stellen Sie sich das Leben als einen Fluß vor; ein Fluß, der nicht mehr fließt, ist kein Fluß mehr.

Bestimmt kennen Sie auch die radikale Methode, um eine Ehe zu «töten». Sie brauchen den Ehepartner nur genügend stark festzuhalten; dann kann er sich nicht mehr bewegen und dies führt früher oder später zum «Tod» der Ehe. Achtung: dies ist keine Aufforderung zur Ehescheidung!

Zu langes Festhalten kann auch zum Tod eines Unternehmens führen. Ein bekanntes Schweizer Unternehmen, das qualitativ hochwertige Produkte hergestellt hatte und auf seinem Gebiet weltweit führend war, steckt heute in der Krise. Die Mitarbeiterzahl wurde bereits von rund 1300 auf 300 reduziert. Vom ursprünglichen Unternehmen ist also nicht mehr viel übrig geblieben. Der Grund: das Unternehmen hat viel zu lange an seiner Technologie und seinen ach so erfolgreichen Produkten festgehalten. Jetzt ist es völlig weg vom Markt; die Konkurrenz ist viel weiter.

Mit Festhalten können Sie alles «töten»; es ist nur eine Frage der Zeit.

Oder ein anderes Beispiel: Sie zielen mit einem Pfeilbogen auf eine Scheibe. Was müssen Sie tun, damit der Pfeil die Scheibe trifft? Sie müssen den Bogen spannen (Energie); Sie müssen zielen (Intelligenz) **und Sie müssen loslassen.** Sie werden jetzt denken, das weiß doch jeder Depp. Natürlich weiß das jeder Depp. Aber verraten Sie mir einmal, weshalb dies bei der Zielerreichung im täglichen Leben nicht ebenfalls jedem durchschnittlich intelligenten Menschen klar ist? Erklären Sie einmal einem traditionellen «nicht-eingeweihten» Manager, er müsse loslassen, um seine Ziele schneller zu erreichen. Er wird Sie anblicken, als kämen Sie von einem andern Stern. Und doch ist es so:

Loslassen ist der schnellste und kostengünstigste Weg zur Erreichung aller Ziele. Und wenn ich sage «aller Ziele», dann meine ich tatsächlich alle Ziele. Wir sprechen hier von universellen Gesetzmäßigkeiten, somit gibt es auch keine Einschränkung auf gewisse Ziele.

Überlegen Sie einmal, was geschieht, wenn der Bogenschütze den Bogen zwar spannt, aber nicht losläßt. Zuerst geschieht gar nichts; dann wird er müde. Und wenn er die Spannung weiter erhöht, dann bricht der Bogen. Wie heißt doch das geflügelte Wort, wenn jemand beispielsweise durch Überarbeitung krank wird? «Er hat den Bogen überspannt.»

Wer den Bogen überspannt, der wird krank. Wer den Bogen überspannt, der hat zu lange festgehalten, der konnte nicht loslassen. Er hat damit ein negatives Resultat erzielt und das heißt: er hat etwas völlig Unökonomisches getan.

Loslassen hat mit Leben zu tun.
Festhalten hat mit Blockade, Krankheit und «Tod» zu tun.

Genau wie im Kapitel Aktion = Reaktion geht es auch hier wieder um nichts anderes als um Macht; um Ihre Macht über Leben und «Tod».

Wir wollen jetzt aber im Detail anschauen, was denn dieses Loslassen ist und was es im einzelnen bedeutet.

2.2 Die Aktivierung Ihrer universellen Intelligenz

Wir haben festgestellt, daß das Potential eines Menschen aus Intelligenz und Energie besteht. Und wir haben weiter festgestellt, daß Sie ein Maximum an Intelligenz und Energie einsetzen müssen, wenn Sie Ihre Ziele möglichst schnell und mit möglichst wenig Aufwand erreichen wollen. Dies gilt auch für die Lösung von Problemen; wenn Sie Ihre Probleme möglichst rasch und mit wenig Aufwand lösen wollen, dann müssen Sie ebenfalls ein Maximum an Intelligenz und Energie einsetzen. Logisch, nicht wahr?

In diesem Abschnitt geht es darum, zu untersuchen, wie die universelle Intelligenz aktiviert wird. Im zweiten Teil unter Punkt 1.3 haben wir dargelegt, daß ausnahmslos jeder Mensch über eine unvorstellbare Intelligenz verfügt.

Wie aktivieren Sie diese Intelligenz?

Die Antwort lautet: Loslassen.
Wir wollen jetzt genau betrachten, was dieses Loslassen konkret bedeutet. Wenn Sie in einem Problem stecken, oder wenn Sie ein bestimmtes Ziel (SOLL) erreichen wollen, und ich Ihnen empfehle, loszulassen, was meine ich damit? Was bedeutet Loslassen?

Loslassen heißt:

1. Akzeptieren des IST-Zustandes.

Wenn Sie möglichst rasch von einem IST- zu einem SOLL-Zustand wollen, dann dürfen Sie logischerweise den

IST-Zustand nicht festhalten. Wie soll sich der IST-Zustand zum SOLL-Zustand verwandeln, wenn Sie ihn festhalten? Den IST-Zustand festhalten heißt, ihn blockieren. Den IST-Zustand akzeptieren heißt, ihn loslassen – und dann geschieht etwas Erstaunliches; der IST-Zustand verändert sich. Ich höre immer wieder Teilnehmer, die hier einwenden, «aber ich kann doch nicht alles akzeptieren». Das habe ich früher auch einmal gedacht – und habe mich damit beinahe zu Grunde gerichtet. Man kann nicht nur alles, was IST, akzeptieren, man muß. Das hat nämlich mit reiner Logik zu tun. Das was IST, das IST; und wenn etwas IST, dann hat es keinen Sinn, sich darüber aufzuregen. Es wird deswegen nicht anders. Das IST ist das, was JETZT ist. Und was JETZT ist, kann niemand ändern. Wir können die Zukunft beeinflussen, aber nicht das IST und das JETZT! Wenn wir das IST und JETZT nicht akzeptieren, dann machen wir etwas völlig Unlogisches. Dann schaffen wir nämlich einen Konflikt, einen Konflikt zwischen uns und dem, was IST. Ein Konflikt kostet Energie und Geld, er blockiert auch die Intelligenz. Das heißt: wenn wir das, was IST, nicht akzeptieren, dann behindern wir uns total. Wie wollen Sie Ihre Probleme rasch lösen und Ihre Ziele rasch erreichen, wenn Sie sich total behindern indem Sie das, was IST, nicht akzeptieren? Das ist nicht möglich!

Nun werden Sie einwenden, daß die ganze Welt gegen irgendwelche IST-Zustände kämpft; auch der Papst und auch die UNO. Das stimmt. Und genau deshalb werden keine Probleme gelöst, sondern neue Probleme geschaffen.

Man löst keine Probleme, indem man einen bestimmten IST-Zustand (Mensch oder Situation) bekämpft. Das hat nichts mit Psychologie oder mit Philosophie zu tun; das ist reine Logik und Physik. Konflikt erzeugt Widerstand. Und wenn die ganze Welt mit Konflikt und Widerstand arbeitet, so macht das die Sache nicht besser – und vor allem: es hilft Ihnen nicht bei der Lösung Ihrer Probleme. Stellen Sie sich vor, was mit Ihnen und Ihrem Auto geschehen würde, wenn die Stoßdämpfer Ihres Wagens die Unebenheiten der Straße nicht akzeptieren würden!

Also. Erstens: akzeptieren Sie das, was IST – wie «schlimm» es auch sein mag.

2. Nicht verurteilen.

Dies hat natürlich mit dem vorhergehenden Punkt zu tun. Etwas nicht akzeptieren heißt, es verurteilen. Wenn Sie etwas nicht mehr verurteilen, dann können Sie es leichter akzeptieren. Loslassen heißt also ebenfalls, nicht ständig über Menschen und Situationen zu urteilen (gut/schlecht). Dies deckt sich völlig mit dem Gesetz von Aktion und Reaktion.

Wenn Sie Menschen und Situationen (ver-)urteilen, dann blockieren Sie das Leben; Blockade heißt Konflikt und Konflikt heißt Widerstand. Ich wiederhole es: wir sprechen von Physik. Urteilen heißt, etwas Ganzes teilen; und wenn ich zwei Teile habe, dann habe ich Konflikt. Und dann können Sie beim besten Willen nicht erwarten, Ihre Ziele rasch und mit wenig Aufwand zu erreichen. Das ist eine Illusion. Es gibt aber immer Menschen, die versuchen, mit Konflikten Ziele zu erreichen. Offenbar verfügen diese Menschen über zu viel Zeit und Geld.

3. Kein Gedanke an den Weg.

Ich habe gesagt, Loslassen aktiviert die universelle Intelligenz, die in jedem Menschen vorhanden ist. Wenn ich nun ein bestimmtes Ziel (SOLL) erreichen will und mich dabei auf einen bestimmten Weg konzentriere, dann begrenze ich mich total. Das ist reines Kopfdenken und es blockiert das Herzdenken, die universelle Intelligenz. Mit unserem Kopf sehen wir vielleicht einen, zwei oder drei mögliche Wege, die zum Ziel führen können. Wer sagt Ihnen aber, daß es nicht unzählige andere Wege zum Ziel gibt? Viele Unternehmen blockieren das Potential ihrer Mitarbeiter dramatisch, indem sie Planungsstäbe einsetzen, welche genaue Strategien ausarbeiten, die zum Ziel führen sollen. Solche Unternehmen können wohl mittelmäßig erfolgreich sein, sie haben aber keine Chance gegen ein Unternehmen, das es versteht, die Intelligenz ihrer Mitarbeiter zu aktivieren. Offenbar stellt die Einführung der Honda-Motorräder in den USA ein solches Beispiel dar. Laut einer Untersuchung von Professor Mintzberg wurde die Einführung der Honda-Motorräder ein durchschlagender Erfolg – dank fehlender Strategie! Einem klassischen Manager stehen dabei natürlich die Haare zu Berge (aber ein klassischer Manager hat selten überragende Erfolge auszuweisen). Die Begründung für den Honda-Erfolg ist klar und einfach. Bestimmt hatten die Unternehmensleitung **und alle Mitarbeiter** ein klares Ziel vor Augen. Die Unternehmensleitung hatte aber nicht den Fehler gemacht, das Potential der Mitarbeiter auf **einen** bestimmten Weg, auf eine bestimmte Strategie, zu begrenzen. Somit konnte jeder Mitarbeiter sein Potential entfalten. Achtung: man soll das Kind nicht mit dem Bade ausschütten; ich predige hier nicht die Abschaffung aller Strategien. Ich stelle mir Strategien als Leitplanken vor, innerhalb welcher eine möglichst große Freiheit herrschen soll, damit sich die Mitarbeiter entfalten können.

Ich möchte hier auf einige weitere Konsequenzen aufmerksam machen. Wenn Sie krank sind, dann ist es normalerweise (nicht immer!) Ihr Ziel, wieder gesund zu werden. Wenn Sie sich dann auf eine bestimmte Methode/Therapie fixieren, dann begrenzen Sie Ihre universelle Intelligenz. Ihr Herz, das Leben, Ihr Gott, weiß doch viel besser als Ihr begrenztes Kopfdenken, wie Sie raschmöglichst gesund werden können. Gott ist nicht begrenzt, Gott ist universelle Intelligenz. Weshalb blockieren Sie diese Intelligenz?

Bitte erinnern Sie sich an die vorhergehenden Kapitel. Der Mensch verfügt über den freien Willen! Es steht somit in seiner Macht, diese universelle Intelligenz, seinen Gott, zu verneinen – so groß ist die Macht des Menschen! Niemand kann Sie gegen Ihren freien Willen heilen.

Kein Gedanke an den Weg: dies kann ganz dramatische Folgen haben. Ich habe von einem Elternpaar mit einem autistischen Kind gehört. Die Ärzte haben dieses Kind als unheilbar bezeichnet. Das ist verständlich, denn die Ärzte kennen bestimmte Wege zur Heilung, und in diesem Fall haben sie mit ihrem Kopfdenken keinen Weg zur Heilung gesehen. Die Eltern haben diese Meinung der Ärzte nicht übernommen und das heißt: sie haben sich nicht auf einen bestimmten Weg zur Heilung fixiert, sie haben alle Möglichkeiten offen gelassen. Heute ist das Kind geheilt – ohne Medikamente, «lediglich» durch ein Verhalten, das wir hier als LOLA-Prinzip bezeichnen. Es hat sogar an einer Universität studiert. Die Begrenzung auf einen bestimmten Weg ist eine fürchterliche Einschränkung unserer Möglichkeiten. Denken Sie nur daran, was vor 50 oder 100 Jahren nicht heilbar war und heute heilbar ist. Genau so wird es in 50 oder 100 weiteren Jahren sein. Gerade die Medizin ist **das** Paradebeispiel für begrenztes Denken. Was zu einem bestimmten Zeitpunkt beinahe mit Gefängnis bestraft wird, ist oftmals einige Jahre später gängige Lehrmeinung.

Unser Kopfdenken ist dermaßen begrenzt, daß wir damit ganz einfach nicht alle Möglichkeiten zur Erreichung unserer Ziele ausschöpfen können. Wer sich trotzdem nur auf seinen Kopf verlassen will, dem ist das natürlich freigestellt; er muß einfach mit den Konsequenzen leben.

4. Kein Kampf für das Ziel (SOLL) oder gegen den IST-Zustand.

Kampf heißt Festhalten und Kampf heißt Konflikt. Somit haben wir wiederum Widerstand und unnötige Energie- und Zeitverschwendung. Und Festhalten begrenzt unsere universelle Intelligenz. Es ist nämlich ein Festhalten an unserem Kopfdenken und das – wir haben es bereits erwähnt – limitiert unsere Intelligenz total. Gewiß lassen sich mit Kampf Ziele erreichen; aber zu welchem Preis? Mit welchem Aufwand? Wer in der Lage und bereit ist, diesen Preis zu bezahlen, der möge dies tun – mit allen Konsequenzen.

Erinnern wir uns nochmals an den jahrzehntelangen Kampf zwischen Israel und der PLO. Mit welchem Resultat? Ein Riesenaufwand für unzählige Tote, für Schmerz und Leid. Wo bleibt da die Logik? Das hat nichts mit Vernunft, nichts mit Ökonomie zu tun. Das hat nur mit menschlichem Stolz, mit dem kleinen Ego und das heißt: mit dem Kopfdenken zu tun. Probleme werden damit nicht gelöst.

Mit Loslassen erreichen wir unsere Ziele schneller und mit weniger Aufwand als mit herkömmlichem Kampf. Und vor allem: wir erreichen unsere Ziele auch dann, wenn der Gegner physisch stärker ist als wir selbst. Wir brauchen nur die Geschichte zu betrachten. Es gibt genügend Beispiele dafür. Das eindrücklichste für mich ist Napoleons Rußlandfeldzug. Napoleon war zu jener Zeit wohl der genialste (Intelligenz) Feldherr und er verfügte über die am besten ausgerüstete Armee. Hätte sich die russische Armee zum Kampf gestellt, Napoleon hätte sie vernichtet. Was ist in so einem Moment zu tun? Welche Strategie muß ein Gegner Napoleons anwenden? Es muß eine Strategie sein, die zu mehr Intelligenz und mehr Macht (Energie) führt als die, über welche Napoleon verfügte. Napoleon hatte das Pech, daß ihm der russische Feldherr Kutusow gegenüber stand. Dieser konnte offenbar vernünftig denken – im Unterschied zu seinen Offizieren. Gegen den Willen seiner Offiziere stellte sich Kutusow nicht zum Kampf. Er zog sich mit seinem Heer zurück (Widerstandslosigkeit/Loslassen). Napoleon rückte immer weiter vor und wurde immer frustrierter, weil er keinen Gegner vorfand, den er vernichten konnte. Dabei verlor Napoleon natürlich immer mehr Energie; nicht aber Kutusow. Er, der sein Mütterchen Rußland über alles liebte, ließ Napoleon bis nach Moskau vorrücken! In der Annahme, gesiegt zu haben, sandte Napoleon dem russischen Zaren und Kutusow Friedensangebote. Diese Friedensangebote wurden nie beantwortet. Die Folge davon: Napoleon war frustriert und verlor weiter Energie, das heißt: er wurde immer kränker. Kutusow und sein Heer verloren weder Energie noch Intelligenz. Als dann Moskau in Flammen aufging, der Winter kam, und sich Napoleon zum Rückzug gezwungen sah, dann rückte Kutusow vor und vernichtete die stolze französische Armee total. Napoleon wurde als kranker und geschlagener Mann heimlich nach Frankreich zurückgeführt.

Kutusow hat nichts anderes gemacht, als das Loslassen als Strategie eingesetzt. Im Gegensatz zu seinen Offizieren hat er akzeptiert, daß Napoleon in Rußland einmarschiert ist. Dieses Akzeptieren des IST-Zustandes ermöglichte es ihm, immer noch klar zu denken (Intelligenz) und letztlich den vermutlich größten Feldherr aller Zeiten vernichtend zu schlagen. Mit dem herkömmlichen, sofortigen Kampf gegen den IST-Zustand (Einmarsch der französischen Armee in Rußland) hätte Kutusow sein Ziel (die Vertreibung Napoleons) nie erreicht. Er wäre vernichtet worden.

Jeder von uns ist eine Art Feldherr. Denken wir doch nur an unsere täglichen Kämpfe. Welche Strategie führt zum Erfolg, wenn der Gegner stärker ist als wir? Es könnte sein, daß der Gegner eine bestimmte Krankheit ist. Wer garantiert Ihnen, daß Sie stärker sind als diese Krankheit. In diesem Fall wäre dann eben die Strategie von Kutusow angebracht. Loslassen, Widerstandslosigkeit, um nicht vom starken Gegner vernichtet zu werden.

Das bedeutet aber nicht die Aufgabe unseres Zieles (Gesundheit). Auch Kutusow hatte sein Ziel keinen Moment lang aufgegeben. Es heißt nur, daß wir eine andere, eine intelligentere und machtvollere Strategie anwenden, um unser Ziel zu erreichen. Es heißt, daß wir nicht das stumpfsinnige lineare Denken anwenden und einfach drauflos kämpfen mit dem Risiko, zu verlieren. Die unlogische Kampfstrategie ist nur dann «siegreich», wenn der Gegner schwächer ist.

Ich schlage Ihnen eine Strategie vor, die immer siegreich ist, wie stark der Gegner auch sein mag. Und diese Strategie heißt: Loslassen.

5. Keine Konzentration auf das Ziel

Wenn Sie sich verbissen auf Ihr Ziel konzentrieren, dann heißt das, Sie halten fest, Sie begrenzen Ihre Intelligenz, weil Sie dann nicht mehr klar und locker denken können. Konzentration heißt ja Ausschließung; Sie nehmen dann nicht mehr wahr, was links und rechts von Ihnen geschieht, und das ist ganz eindeutig eine Begrenzung Ihrer Intelligenz. Ein Verkäufer, der sich verbissen auf den Abschluß bei einem Kunden konzentriert, der nimmt den Kunden nicht in seiner Ganzheit wahr, er erweist sich selbst und dem Kunden damit keinen Dienst.

Verstehen wir uns richtig: das Ziel soll vorhanden sein; aber wenn wir uns zu stark darauf konzentrieren, dann nehmen wir die Gegenwart nicht vollständig wahr, wir verhalten uns dann in der Gegenwart nicht optimal. Mit anderen Worten: wir begrenzen unser Potential, unsere universelle Intelligenz.

Die Folgen davon können vor allem im Sport sehr schön beobachtet werden. Wer sich zu verbissen auf ein bestimmtes Ziel konzentriert, der kann zwar gewisse Erfolge erreichen, ein wahrer Champion wird er aber wohl nie werden, weil er sich verkrampft. Konzentration hat ja mit Kampf, mit Verkrampfung zu tun. Wer verkrampft ist, bringt keine optimale Leistung. Ein junger Seminarteilnehmer hat dazu folgendes Beispiel erzählt:

Er spielte oft Tennis gegen seinen Vater. (Ich verwende mit Absicht das Wort «gegen».) Sein erklärtes Ziel war es, unbedingt gegen seinen Vater zu gewinnen. Er war der Meinung, daß er konditionell besser sei als sein Vater und ihn unbedingt schlagen müßte. Doch er verlor immer und immer wieder. Dadurch steigerte sich natürlich seine Verkrampfung. Eines Tages hatte er genug von diesem Kampf (er kämpfte für ein Ziel; er konzentrierte sich auf sein Ziel). In den nächsten Match mit seinem Vater ging er nicht mehr mit dem Ziel, für den Sieg zu kämpfen, er ging einfach, um zu spielen. Und siehe da: von diesem Tag an hat er nie mehr einen Match gegen seinen Vater verloren! Er hat immer gewonnen. Er hat nichts anderes getan als losgelassen. Der Widerstand, die Blockade hat sich gelöst, das Leben konnte fließen, sich verändern vom IST- zum SOLL-Zustand.

Was für den Sport gilt, das gilt für alle Bereiche des Lebens. Es gilt für den Manager, für den Verkäufer, für den Arbeitslosen, für die Mutter, die möchte, daß ihr Kind in der Schule erfolgreich ist. Überall herrscht der gleiche Mechanismus. Wenn Sie sich verbissen auf ein Ziel konzentrieren, begrenzen Sie Ihr Potential. Lassen Sie Ihr Ziel los!

6. Kein Zweifel an der Zielerreichung.

Zweifel entspringt dem Kopfdenken und begrenzt unsere universelle Intelligenz total. Zweifel ist das Gegenteil von Vertrauen; und ohne Vertrauen läßt sich unsere Intelligenz nicht aktivieren. Loslassen heißt Vertrauen haben; Vertrauen in das Leben, in die unvorstellbare Weisheit, die in jedem Menschen vorhanden ist. Wer kein Vertrauen hat, der kann nicht loslassen, er muß sich überall festhalten. Dieses Mißtrauen in das Leben ist eine Aktion, die natürlich zu einer entsprechenden Reaktion führen wird. **Wer dem Leben mißtraut, kann nicht erwarten, daß das Leben ihn trägt, ihm Gutes tut.** Und damit begrenzt er seine Möglichkeiten ganz gewaltig. Wer ein Ziel erreichen will und gleichzeitig zweifelt, ob es ihm auch tatsächlich gelingen wird, dessen Chancen stehen nicht gut. Durch diesen Zweifel blockiert er den Fluß des Lebens. Folglich: sollte er das Ziel trotzdem erreichen, dann aber nur mit einem relativ großen Aufwand an Energie und Zeit.

Auch das wußte Jesus natürlich. Der entsprechende Satz lautete bei ihm wie folgt: «**So ihr Glauben habt, wird euch nichts unmöglich sein.**»

Dies ist deshalb so, weil durch das Loslassen (Glauben, Vertrauen) das Leben fließen kann und sich dadurch unsere universelle Intelligenz manifestieren kann. Diese universelle Intelligenz wird hin-und-wieder auch als Supra-Bewußtsein bezeichnet – oder als Gott.

Fassen wir zusammen:
Loslassen ist das Gegenteil von Schwäche; es aktiviert die in jedem Menschen vorhandene unvorstellbare Intelligenz, und es bedeutet konkret:

- Akzeptieren des IST-Zustandes
- Nicht (ver-)urteilen
- Kein Gedanke an den Weg
- Kein Kampf gegen den IST-Zustand oder für den SOLL-Zustand
- Keine Konzentration auf das Ziel
- Kein Zweifel an der Zielerreichung

2.3 Die Vermeidung von unnötigem Energieverlust und Energieblockaden

Ohne Energie erreicht man keine Ziele, ohne Energie löst man keine Probleme. Und mit wenig Energie geht es eben viel langsamer als mit viel Energie. Wir haben uns somit die Frage zu stellen: wo verliere ich unnötig Energie und wo blockiere ich unnötig Energie? Unser Ziel sollte es vernünftigerweise sein, nicht unnötig Energie zu verlieren oder zu blockieren.

Ich betrachte die Energiesituation eines Menschen aus einer ganz praktischen Sicht, deshalb mache ich keinen Unterschied zwischen Energieverlust und Energieblockade – in beiden Fällen fehlt mir ganz einfach eine gewisse Energiemenge. Damit ist mein Potential begrenzt.

Wo also blockieren oder verlieren wir unnötig Energie?

Die nachfolgende Aufzählung erhebt keinen Anspruch auf Vollständigkeit; sie soll aber zeigen, daß wir im Normalfall «durchlässig sind wie ein Sieb».

1. Wir verlieren/blockieren Energie, wenn wir den IST-Zustand nicht akzeptieren.
Wenn wir Menschen, Situationen, unsere eigenen Gefühle oder unsere Vergangenheit nicht akzeptieren können, dann kostet uns das unnötigerweise viel Energie. Wir schaffen dadurch Konflikte und, wir haben das bereits betrachtet, Konflikte blockieren Energie.

2. Wir verlieren/blockieren Energie, wenn wir verurteilen.
Wenn wir teilen, schaffen wir einen Konflikt und somit Energieverlust. Das ist analog zum Punkt 1. Was wir verurtei-

len, das können wir nicht akzeptieren.

Wir sprechen hier über das Loslassen und wir haben erwähnt, daß es beim Loslassen um Leben und Tod geht. Urteilen (Trennung) hat mit Tod zu tun; was geteilt ist, ist nicht ganz. Was nicht ganz ist, kann sich nicht entfalten. Nicht-Urteilen hat mit Einheit zu tun und Einheit hat mit Leben zu tun. Wir alle kennen das schönste Beispiel dafür: Mann und Frau.

Was geschieht, wenn Mann und Frau zu einer Einheit verschmelzen, wenn die Dualität männlich-weiblich überwunden wird? Es entsteht Leben! **Der Mensch ist in der Lage, Leben zu erzeugen, indem er nicht (ur-)teilt!** Würden wir die Trennung Mann und Frau konsequent leben, dann wäre die Menschheit nach rund hundert Jahren ausgestorben. Leben ist Einheit, Trennung ist «Tod». Betrachten Sie es von einem energetischen Standpunkt aus: Leben ist Energie; das Urteilen blockiert diese Energie und somit das Leben.

Nehmen Sie einen Sportler, der ständig sein Verhalten verurteilt. Er blockiert seine Möglichkeiten. Ein schönes Beispiel dafür ist Nick Faldo, ehemalige Nr. 1 der Weltrangliste der Golfprofis. Nick Faldo ist ein Perfektionist. Was tut ein Perfektionist? Er ist nie ganz zufrieden mit seinem Spiel, er verurteilt sich oft. Nick Faldo hat nun gelernt, auch einen nicht ganz perfekten Schlag zu akzeptieren, nicht zu verurteilen. Und was ist geschehen? Nick Faldo spielte wie in Trance und kam der früher so krampfhaft angestrebten Perfektion sehr nahe. Perfektion wird nicht erreicht durch Kampf, Perfektion wird erreicht durch Loslassen, durch Nicht-Urteilen. Im Sport ist das deshalb so schön sichtbar, weil durch das Nicht-Urteilen auch die Angst vor Fehlern wegfällt. Und somit sind wir beim nächsten Punkt.

3. Wir verlieren/blockieren Energie, wenn wir Angst haben vor Mißerfolg.

Im Curling werden Steine, die mit einem Angstgefühl abgegeben werden, «Angststeine» genannt. Angst kann so weit gehen, daß ein Mensch völlig gelähmt wird. Völlig gelähmt ist er dann, wenn er keine Energie mehr produktiv einsetzen kann. Angst heißt Festhalten; das Leben kann nicht mehr fließen.

Je stärker wir über uns selbst urteilen (siehe Punkt 2) desto mehr Angst erzeugen wir. Es ist die Angst, den (von uns aufgestellten) Anforderungen nicht zu genügen. Und einmal mehr heißt das Konflikt. Es ist ein Konflikt zwischen IST-Zustand und SOLL-Zustand geschaffen worden, und dieser Konflikt kostet uns Energie, dieser Konflikt blockiert den Fluß des Lebens. Ich denke Sie spüren, daß es immer um das Gleiche geht: um Konflikt oder Nicht-Konflikt; um Widerstand oder Widerstandslosigkeit.

4. Wir verlieren/blockieren Energie, wenn wir vergleichen.
Dies ist eine Abwandlung des vorhergehenden Punktes. Wer vergleicht, der urteilt normalerweise auch. Wenn Sie Ihr Auto mit dem Auto des Nachbarn vergleichen und dann feststellen, daß er schon wieder ein neues und größeres Auto gekauft hat, dann kostet Sie das unnötig Energie.

In der Medizin ist offenbar festgestellt worden, daß Krebspatienten oft Menschen sind, die extrem stark vergleichen. Sie vergleichen sich permanent mit ihrer Umwelt und versuchen, sich nahtlos in diese Umwelt einzufügen. Diese Menschen versuchen, nirgendwo anzuecken. Dies führt dazu, daß sie so normal sind, daß es krankhaft ist. Der medizinische Fachausdruck dafür lautet: Normopathie. Krankhaft normal. Diese Menschen vergleichen sich so stark mit anderen Menschen, daß es zu einer völligen Energieblockade kommt. Wenn der Körper dann nicht mehr anders kann, meldet er sich mit Krebs, dann beginnt er, aus dieser Blockade auszubrechen. Und schon wieder sind wir beim Thema Leben (Loslassen) und Tod (Festhalten).

Wenn Sie daran interessiert sind, Ihr Potential möglichst weitgehend zu entfalten, dann rate ich Ihnen dringend:

vergleichen Sie sich nicht mit anderen Personen – auch nicht mit Ihren Konkurrenten. **Sie sind Sie.** Die anderen sind die anderen; jeder hat seine eigene (Lebens)aufgabe zu bewältigen.

5. Wir verlieren/blockieren Energie, wenn wir negative Gefühle hegen.

Wenn wir uns über eine andere Person ärgern, dann geben wir dieser Person nicht nur Macht über uns, sondern wir verlieren auch noch Energie. Dies ist folglich ein Verhalten, das nicht sehr vorteilhaft ist für uns.

Bitte beachten Sie, daß Ärger über eine andere Person letztlich nichts anderes bedeutet, als daß ich diese Person nicht akzeptieren kann so wie sie ist. Also sind die Auswirkungen der negativen Gefühle genau gleich wie die Auswirkungen des Nicht-Akzeptierens und des Ver-Urteilens.

Erinnern wir uns an das Verhalten einiger Mitglieder der Schweizer Skinationalmannschaft anläßlich der Winterolympiade in Albertville, Frankreich. In der Presse konnte man lesen, daß verschiedene Athleten die Pisten kritisierten. Negative Gefühle gegenüber den Pisten waren somit genügend vorhanden. Das Resultat der Schweizer Skimannschaft war entsprechend kläglich. Das ist die logische Folge eines Verstoßes gegen fundamentale Lebensgesetzmäßigkeiten. Die logische Folge eines Verhaltens, das mit diesen Gesetzmäßigkeiten übereinstimmt, hat uns zur gleichen Zeit und am gleichen Ort Alberto Tomba geliefert. Von negativen Gefühlen keine Spur; nur Spaß, Spaß und nochmals Spaß. Das Ergebnis war überzeugend: mehrere Goldmedaillen.

Nachdenklich stimmt die Tatsache, daß diese Dinge auf allerhöchster Ebene im Schweizer Skisport offenbar unbekannt sind. Körperliche Kondition und höchstes technisches Können reichen nicht aus, um an der Spitze mithalten zu können. Ein wirklicher Champion lebt in Übereinstimmung mit den hier erwähnten universellen Gesetzmäßigkeiten – und das macht ihn unschlagbar.

      6. Wir verlieren/blockieren Energie, wenn wir kämpfen.
Ob wir für ein Ziel oder gegen einen IST-Zustand kämpfen – immer bedeutet Kampf auch Verkrampfung; und das kostet unnötig Energie.

      Auch hier möge ein Beispiel aus dem Sport als Anschauungsunterricht dienen. Das Europacupspiel im Fußball Deutschland gegen Dänemark (1992). Deutschland war eindeutig favorisiert, weil technisch und auch konditionell besser. Für Deutschland stand sehr viel auf dem Spiel, deshalb wurde die Vorbereitung minutiös und intensiv durchgeführt. Für Dänemark stand wenig auf dem Spiel, die Vorbereitung war trotzdem «intensiv»: während die Deutschen trainierten, lagen die Dänen am Meer in der Sonne. Gewonnen hat natürlich Dänemark. Bei ungefähr gleicher Technik und Kondition gewinnt unweigerlich derjenige, der Loslassen kann. Er hat den besseren Energiefluß.

      Es soll jetzt aber nicht der Eindruck entstehen, diese Grundsätze seien nur im Sport anwendbar. Dem ist natürlich nicht so. Nehmen wir einen Verkäufer. Ich habe in über 25 Jahren Tätigkeit in der Wirtschaft noch keinen überdurchschnittlichen Verkäufer gesehen, der für sein Budget gekämpft hat, oder der gegen einen zu niedrigen Verkaufsumsatz gekämpft hat. Und ich habe keinen überdurchschnittlichen Verkäufer gesehen, der seine Kundenbesuche sehr sorgfältig vorbereitet hat. Ich habe aber haufenweise mittelmäßige Verkäufer gesehen, von denen es jeweils hieß, sie seien sehr fleißig. Damit war dann auch gleichzeitig gesagt, daß die Verkaufsresultate durchschnittlich waren.

      Ich habe aber einige weit überdurchschnittliche Verkäufer angetroffen, die alle ausnahmslos das Loslassen beherrschten.

Ich war einmal für eine Mannschaft von rund 30 Verkäufern mitverantwortlich. Dort hatte ich hin und wieder ein peinliches Erlebnis. Es kam vor, daß wir einen Verkäufer entlassen mußten, weil er keine genügenden Resultate erbrachte. Es waren ausnahmslos fleißige Mitarbeiter, die tatsächlich für ihre Ziele gekämpft hatten (eben: sie hatten gekämpft und sich damit total begrenzt; das wußte ich damals aber noch nicht). Während der Kündigungsfrist ist jeweils etwas Sonderbares geschehen: der entlassene Mitarbeiter hat verkauft! Ich spreche hier nicht von einem Einzelfall, es ist mehrmals vorgekommen. Im Lichte des LOLA-Prinzips betrachtet ist es klar, weshalb er verkauft hat. Dieser Mitarbeiter hat plötzlich nicht mehr für sein Ziel gekämpft, er hat seine Umsatzsituation akzeptiert, er hat seine Kundenbesuche nicht mehr als gut oder schlecht verurteilt. Er hat die letzten drei Monate einfach gearbeitet, ohne zu urteilen. Vor einem Kundenbesuch hat er sich nämlich folgendes gesagt: «Wenn ich diesen Auftrag erhalte, dann habe ich denen da oben gezeigt, daß sie den Falschen entlassen haben; das geschieht ihnen ganz recht. Wenn ich den Auftrag aber nicht erhalte, dann geschieht es denen da oben auch ganz recht, sie hätten mich ja nicht zu entlassen brauchen.» Also: was immer auch geschah – es war in Ordnung. Und damit hat er unabsichtlich die höchste Kunst des Zen-Buddhismus angewendet: Gleichmut. Unsere ganzen Motivationssysteme sind aber genau auf das Gegenteil angelegt: auf die Motivation einiger Weniger und auf die Demotivation Vieler. Vielleicht werden Sie jetzt einwenden, ja, aber mit Druck sind doch erwiesenermaßen positive Resultate erzielt worden. Stimmt. Die Frage ist doch aber die: was wird mit was verglichen? Wenn ich einen schlechten Ausgangszustand nehme, dann ist es einfach, mit einer Erhöhung des Druckes bessere Resultate zu erzielen. Wenn wir aber zwei Verkaufsmannschaften (Sportmannschaften) vergleichen, von denen eine unter Druck und mit Kampf arbeitet und die andere mit den Grundsätzen aus dem LOLA-Prinzip, dann liegt das Ergebnis auf der Hand. So wie im Fußballspiel Deutschland gegen Dänemark. Die Kampfmannschaft hat keine Chance, weil sie nicht nur ihre Intelligenz blockiert, sondern auch ihr Energiepotential.

In der Wirtschaft kann dieser Unterschied über Sein oder Nicht-Sein eines Unternehmens entscheiden. Die zweite Mannschaft erreicht mit weniger Aufwand größere Umsätze. Anders kann es nicht sein. In der heutigen wirtschaftlichen Situation kämpfen viele Verkaufsmannschaften mit harten Bandagen; das ist die Chance für eine Mannschaft, die über eine viel wirkungsvollere Strategie verfügt!

7. Wir verlieren/blockieren Energie, wenn wir Schuldgefühle haben.

Wenn wir der Meinung sind, in der Vergangenheit dieses oder jenes falsch gemacht zu haben, dann kann dies zu Schuldgefühlen führen. Diese Schuldgefühle können so stark werden, daß massive Energieblockaden entstehen. Ein solcher Mensch wird nie in der Lage sein, seine Probleme rasch und optimal zu lösen und seine Ziele rasch und mit wenig Aufwand zu erreichen. Er ist ja innerlich total blockiert.

Solche Schuldgefühle führen bei zahlreichen Menschen zu Rückenschmerzen. Man kann sich dies sehr gut vorstellen: der betreffende Mensch trägt eine tonnenschwere Last auf dem Rücken. Mit dieser Last schleppt er sich mühsam durchs Leben. Die ganze gebeugte Körperhaltung drückt diesen Zustand aus. Dieser Ballast auf dem Rücken eines Menschen ist absolut sinnlos. Es ist so, wie wenn Sie absichtlich einige Zentner Steine in Ihr Auto laden würden, nur damit Sie möglichst langsam vorwärts kommen. Es ist unglaublich, was sich der Mensch selbst antut, nur um sich nicht allzu wohl zu fühlen, um nicht seinen hohen Zielen entgegenzufliegen. Aus irgendeinem unerfindlichen Grund denkt er, es sei ehrenhaft, im Staube auf dem Boden mühsam vorwärts zu kriechen. Ich weiß nicht, was daran ehrenhaft sein soll.

Meine Empfehlung: werfen Sie den unnötigen Ballast Ihrer Schuldgefühle – sofern Sie solche haben – schnellstmöglich ab. Stellen Sie sich vor, wie Sie einen riesigen Sack von Ihren Schultern weg in einen Abgrund schmeißen. **Schuldgefühle hat man nur, wenn man über seine eigene Vergangenheit urteilt.** Ich habe schon darauf hingewiesen: (ver-)urteilen bringt nichts. Hören Sie schnellstens damit auf, sich selbst zu verurteilen. **Sie haben nie einen Fehler gemacht! Sie haben gelernt.**

Bitte beachten Sie: dies ist keine Psychologie, dies ist keine Religion. Dies ist Physik. Welcher Mensch läuft freiwillig mit einem Riesengewicht auf den Schultern durch die Gegend? Welcher Mensch hat das Recht, Sie dazu zu verurteilen? Nur einer: Sie selbst. Wenn Sie das wollen, wenn Ihnen das Spaß macht – so sei es.

Wir haben jetzt einige Verhaltensweisen aufgezeigt, die unweigerlich zu einem Energieverlust oder zu einer Energieblockade führen. Alle diese Verhaltensweisen haben mit Festhalten zu tun. Wir können deshalb auch formulieren: Festhalten führt zu Energieverlust. Loslassen führt zum Fließen der Energien.

Wenn Sie sich an das vorhergehende Kapitel erinnern, so haben wir dort festgestellt, daß Loslassen die in jedem Menschen vorhandene universelle Intelligenz aktiviert. In diesem Kapitel haben wir festgestellt, daß Loslassen Energieverlust und Energieblockaden verhindert.

Ist das nicht wundervoll! **Ein** einziges Verhalten hilft uns, die zwei Grundeigenschaften (Intelligenz und Energie) des menschlichen Potentials optimal zu entfalten! Das nenne ich ökonomisch. Mit dem einen Verhalten «**Loslassen**» erreichen wir schlagartig die Aktivierung unserer universellen **Intelligenz** und unserer grenzenlosen Energie und das heißt: unseres menschlichen Potentials!

Es scheint mir an der Zeit, Ihnen mitzuteilen, wie ich das «Loslassen» entdeckt habe. Mit Hilfe des Loslassens habe ich innerhalb kürzester Zeit meine Frau kennengelernt und geheiratet. Mein IST-Zustand hieß «keine Frau». Mein SOLL-Zustand lautete «die richtige Frau». Ich machte mich auf die Suche, und zwar aktiv. Ich suchte da und ich suchte dort. Ich machte diese und jene Bekanntschaften. Aber nichts dauerte lange. Die Frustration wurde immer größer. Bis ich eines Tages genug hatte und mein Denken radikal änderte. Ich hörte auf zu Suchen. Drei Monate später ging ich nach Tunesien in den Urlaub. Und zwar im November; im November geht normalerweise niemand nach Tunesien, sicher nicht jemand, der eine Bekanntschaft machen will. Ich hatte also nicht die Absicht, jemanden zu suchen. Gleichzeitig mit mir waren auch ganz wenige Touristen aus Frankreich in Tunesien; gemeinsam machten wir eine Sahara-Rundreise. Während dieser ganzen Rundreise ist mir eine junge Französin «nachgesprungen». Mein Interesse war nicht groß, ich suchte ja niemanden. Im Verlaufe der Tage sind wir uns dann trotzdem ein wenig nähergekommen. Als ich nach zwei Wochen aus Tunesien zurückkam, wußte ich, ich habe meine Frau kennengelernt. Ich flog noch zwei- oder dreimal nach Paris und dann beschlossen wir, zu heiraten (das Hin-und-her-Reisen ist nicht sehr ökonomisch). Vier Monate später waren wir verheiratet. Natürlich haben meine Bekannten gedacht, «der spinnt, das wird bestimmt nicht funktionieren.» Meine Frau ist nämlich 9 Jahre jünger als ich. In der Zwischenzeit sind mehr als 17 Jahre vergangen und ich bin immer noch der Meinung, es war und ist die ideale Frau.

Interessanter als die Art und Weise, wie ich meine Frau kennengelernt habe, ist die Frage, was ich denn gemacht habe, damit das Ziel (SOLL) so schnell und erfolgreich erreicht wurde. Ich hatte ganz einfach losgelassen und das hieß:

○ Ich habe akzeptiert, JETZT ohne Frau zu leben. Ich habe also den IST-Zustand akzeptiert und das hatte zur Folge, daß ich nicht mehr für eine Frau (SOLL) oder gegen das Junggesellendasein (IST) gekämpft habe. Der Kampf hatte ein Ende. Somit hatte auch der Energieverlust ein Ende.

○ Ich habe das Junggesellendasein nicht mehr als «schlecht» verurteilt. Ich habe zwischen dem IST-Zustand und meinem SOLL-Zustand keinen Konflikt mehr hergestellt. Das war die Voraussetzung dafür, daß das Leben fließen, der IST-Zustand sich verändern konnte.

○ Ich habe nicht mehr an einen bestimmten Weg zu meinem Ziel gedacht. Früher hatte ich mir immer überlegt, auf welche Weise ich am besten eine Frau finden könnte. Mit dieser Fixierung habe ich mich total begrenzt. Da ich den Zustand des Junggesellendaseins akzeptiert hatte, machte ich mir auch keine Gedanken mehr über den Weg zu einer Frau.

○ Ich habe mich nicht mehr auf mein Ziel konzentriert. Früher marschierte ich in der Welt umher mit der fixen Idee im Kopf «ich will eine Frau». Auch das ist eine totale Begrenzung des eigenen Potentials. Ich nahm dann alles andere um mich herum gar nicht mehr richtig wahr. Konzentration heißt ja Ausschließung. Sobald ich das Ziel losgelassen hatte, konnte das Leben fließen. Aber Achtung: ich hatte das Ziel losgelassen, nicht aufgegeben! Das Ziel war natürlich immer noch in mir drin; aber ich war nicht mehr darauf fixiert. Ich ließ die Dinge sich entwickeln – und sie entwickelten sich großartig.

○ Ich hatte keine Zweifel mehr.
Früher kämpfte ich für mein Ziel; dabei kamen immer wieder Zweifel in mein Denken in der Art :«Finde ich die richtige, oder finde ich sie nicht?» Zweifel ist für die Zielerreichung tödlich; ein Mensch mit Zweifeln ist – energetisch gesehen – durchläßig wie ein Sieb. Da ich nicht mehr für mein Ziel kämpfte, mich nicht mehr darauf fixierte, den IST-Zustand akzeptierte, gab es automatisch keinen Grund mehr für irgendwelche Zweifel.

Mit einem Wort: Ich hatte Losgelassen und mit einem Minimum an Aufwand und Zeit hatte ich nicht irgendeine Frau, sondern die richtige «gefunden». Ich habe Hemmungen, das Wort gefunden niederzuschreiben, weil ich ja gar nicht gesucht habe! Seit jener Zeit existiert bei mir der Satz:

«Wer sucht, der findet nicht.»

Dieser Satz trifft dann zu, wenn es ein verkrampftes Suchen ist; ein Suchen mit Kämpfen, mit Zweifeln, mit Ärger etc. Das sind alles Eigenschaften des Festhaltens, und deshalb funktioniert es nicht.

Es gibt aber ein Suchen ohne zu Suchen.
Das hatte ich angewendet. Das wendet jeder überdurchschnittlich erfolgreiche Verkäufer an, und das sollte auch der Arbeitslose anwenden, wenn er eine neue Stelle «sucht». Dieses Suchen hat mit Loslassen und mit Vertrauen zu tun. Mit einem totalen Vertrauen in das Leben, in die universelle Intelligenz in jedem Menschen, in Gott – oder wie immer Sie diese Weisheit nennen wollen.

Ob Sie eine Frau, eine neue Stelle, einen neuen Kunden, eine neue Wohnung, ein neues Auto, einen neuen Mitarbeiter etc. «suchen» ...

... hier haben Sie millimetergenau die Vorgehensweise, die Sie anwenden müssen, um möglichst schnell und mit möglichst wenig Aufwand Ihr Ziel zu erreichen.

Schneller und einfacher geht es nicht mehr – es sei denn, Sie sind in der Lage, das nachfolgende Kapitel 3 anzuwenden.

2.4 Eine erstaunliche Entdeckung: Der ideale Lebenszustand

«Nichts war, nichts wird sein; alles ist, alles hat Wesen und Gegenwart.»

Hermann Hesse, Siddhartha

Im Prinzip könnten wir das Thema Loslassen jetzt beenden. Die wichtigsten Verhaltensweisen und Auswirkungen haben wir diskutiert. Es steckt aber noch viel mehr in diesem Thema. Alle die vorhin aufgeführten Verhaltensweisen haben etwas ganz Grundsätzliches gemeinsam. Dieses Gemeinsame wollen wir jetzt zu entdecken versuchen.

Stellen Sie sich selbst einmal folgende Frage: Was haben die im vorhergehenden Kapitel aufgeführten Verhaltensweisen (nicht-akzeptieren, urteilen, kämpfen etc.) gemeinsam? Was könnte der kleinste gemeinsame Nenner sein?

Wir wollen das an einigen Beispielen herauszufinden versuchen:

Nicht-akzeptieren: Was heißt das? Das bedeutet doch, daß ich das, was JETZT ist, nicht akzeptiere; ich möchte es anders, vielleicht so, wie es früher einmal war, oder so, wie ich es mir in meinem Kopf ausdenke, aber eben nicht so, wie es JETZT ist.

Vergleichen: Entweder vergleiche ich etwas, das JETZT ist, mit etwas, das früher einmal war oder mit etwas, das in der Zukunft sein sollte. Oder ich vergleiche mich HIER mit einem anderen Menschen, der DORT ist.

Schuldgefühle: Hier ist es die Vergangenheit, die meine Gegenwart beeinflußt.

Spüren Sie bereits, was der kleinste gemeinsame Nenner sein könnte?

Ausnahmslos alle Verhaltensweisen, welche zu einem Energieverlust, zu Energieblockaden und zu einer Begrenzung der universellen Intelligenz führen, haben mit dem Festhalten zu tun, kommen aus dem Kopf (Kopfdenken) und sind

die Unfähigkeit, im Hier-und-Jetzt zu leben.

Folglich: wer nicht fähig ist, im Hier-und-Jetzt zu leben, der verschwendet/blockiert Energie und er begrenzt seine Intelligenz.

Positiv formuliert bedeutet Loslassen folglich nichts anderes als

die Fähigkeit, im Hier-und-Jetzt zu leben!

Nicht fähig zu sein im Hier-und-Jetzt zu leben heißt, das was IST nicht akzeptieren zu können und immer in der Vergangenheit oder in der Zukunft zu leben. Bitte beachten Sie aber folgendes: das Leben findet weder in der Vergangenheit noch in der Zukunft statt. Das Leben findet JETZT statt. Außer dem JETZT gibt es nichts. Und deshalb gibt es nichts Besseres, das Sie tun können, als dieses JETZT zu akzeptieren. Dann sind Sie in einer Linie mit dem Leben: das heißt ohne Konflikte mit dem Leben und das wiederum heißt:

Sie verfügen über ein Maximum an Intelligenz und Energie.

Vergleichen Sie es mit einer elektronischen Schaltung. Der Strom (Lebensstrom!) fließt dort am stärksten, wo der geringste Widerstand ist; das weiß jeder Anfänger. Die Menschen sind vergleichbar mit Widerständen. Frage: wo fließt der Lebensstrom am stärksten? Logischerweise dort, wo der kleinste Widerstand ist. Und wo ist der kleinste Widerstand? Bei jenem Menschen, der im Hier-und-Jetzt lebt. **Sobald Sie aus dem Hier-und-Jetzt herausfallen, schaffen Sie Widerstand, Konflikt, und das bremst den Lebensstrom, das bremst die Erreichung Ihrer Ziele, das bremst die Lösung Ihrer Probleme** (falls Sie welche haben).

Sie sehen, wir sprechen hier von Physik. Leben im Hier-und-Jetzt ist ein physikalisch optimaler Lebenszustand, der ein Minimum an Widerständen produziert. Lassen Sie mich gleich hier anmerken, daß dieser «Idealzustand» noch gesteigert werden kann. Wir werden unter dem Thema «Liebe» darauf zu sprechen kommen. Und lassen Sie mich auch gleich an den Forschungswettlauf im Bereich der Supraleitung erinnern. Was die Physiker bei der Energieübertragung anstreben (kein Widerstand), erreicht ein Mensch durch das Leben im Hier-und-Jetzt.

Wenn ich als Kapitän (Kopfdenken) das Ziel meines Schiffes klar definiert habe, dann brauche ich weder an die Vergangenheit noch an die Zukunft zu denken; das Beste, das ich dann tun kann, ist, voller Vertrauen im Hier-und-Jetzt zu leben, im Wissen, daß alles was IST, gut ist, weil es IST und weil es meinem Ziel dient. Meine universelle Intelligenz kennt das Ziel und sie kennt mit Sicherheit auch den optimalen Weg zu diesem Ziel; also sollte ich aufhören, mich mit meinem begrenzten Kopfdenken in die Dinge einzumischen.

Loslassen heißt also: Leben im Hier-und-Jetzt.

Es heißt: Loslassen des eigenen kleinen Ichs (Ego, erste Wirklichkeit, Kopfdenken), damit das Große ICH (zweite Wirklichkeit, Herzdenken, Gott) wirken kann.

Ich mache Sie darauf aufmerksam, daß für das gleiche Verhalten teilweise auch andere Begriffe verwendet werden. So beispielsweise im Zen-Buddhismus das Wort «Absichtslosigkeit». Handeln ohne Absicht. Die Übungen im Zen-Buddhismus haben zum Ziel (Absicht!?), kein Hauch von Ich-Bewußtsein aufkommen zu lassen. Ich-Bewußtsein ist Kopfdenken und stört/blockiert ein optimales Verhalten. Deshalb strebt der Zen-Buddhist das Nicht-Denken an.

Wir können uns auch an Laotse erinnern: **«Im Nichtstun bleibt nichts ungetan.»** (!)

Wenn Sie sich jetzt noch daran erinnern, wie ich meine Frau gefunden habe, dann bleibt zu Laotse nur eine Bemerkung: wie wahr, wie wahr! Mehr kann man nicht tun.

Oder denken wir an Meister Eckhart, den wohl größten Mystiker aller Zeiten aus dem christlichen Kulturkreis. Auch er hat sich zu diesem Thema geäußert, und zwar so: «Durch die Bindung an unser eigenes Ich stehen wir uns selbst im Wege und können nicht Frucht tragen, uns selbst nicht voll verwirklichen.» Meister Eckhart hat dies ums Jahr 1300 herum gesagt, also mehr als 650 Jahre bevor im Management das menschliche Potential entdeckt wurde! <u>Aber 8 von 10 Managern sind noch heute nicht auf dem Stand des Jahres 1300.</u> Sie machen nämlich genau das Gegenteil der Empfehlung von Meister Eckhart. Sie halten am eigenen kleinen Ich fest und kämpfen wie die

Löwen, nicht merkend, daß sie sich «selbst im Wege stehen» und «sich selbst nicht voll verwirklichen» können. Das funktioniert deshalb noch einigermaßen leidlich, weil eben auch die Mehrzahl der anderen Manager konsequent gegen fundamentale Lebensgesetze verstößt. Im Lande der Blinden ist der Einäugige König. Aber wehe, es kommt ein Zweiäugiger!

Auch für Meister Eckhart ging es darum, das eigene kleine Ich, das begrenzte und begrenzende Kopfdenken, loszulassen, um die in jedem Menschen vorhandene universelle Intelligenz sich entfalten zu lassen.

Es ist allerdings darauf hinzuweisen, daß wir alle in gewissen Bereichen – und zu gewissen Zeiten – das Leben im Hier-und-Jetzt praktizieren. Zum Beispiel beim Atmen. Ich habe noch keinen Menschen erlebt, der auf Vorrat atmet. Atmung findet immer im Hier-und-Jetzt statt, im Vertrauen darauf, daß auch in der Zukunft genügend Luft vorhanden sein wird.

Oder beim Spielen eines Musikstückes. Kein Mensch spielt ein Musikstück wegen dem, was in der nächsten Sekunde oder Minute folgen wird. Jede Note wird gespielt, weil sie am richtigen Platz ist. Jede Note stellt ein JETZT dar. Sie ist wo sie ist. Punkt. Aber mit unserem Leben gehen wir ganz anders um. Wir leben oft (immer?) auf ein Ziel hin. Wir machen heute dies oder das, weil … wir in Zukunft etwas damit erreichen wollen. Und schon sind wir aus dem Hier-und-Jetzt herausgefallen – und schon beginnen die Widerstände. Und schon greifen (festhalten!) wir links und rechts nach Sicherheiten. **Das Leben außerhalb des Hier-und-Jetzt ist nämlich total unsicher.** Jeden Moment kann irgend eine Katastrophe geschehen. Jeden Moment kann unter uns das Eis einbrechen, oder der Himmel kann einstürzen; dagegen muß man versichert sein. Leben außerhalb des Hier-und-Jetzt ist total gefährlich. Unser Kopf kann sich die verrücktesten Dinge ausdenken, und weil er das kann (Sie erinnern sich an das Kapitel Aktion = Reaktion?), treten diese Dinge dann oft auch ein. Trotz Versicherungen und gefüllten Bankkonten ist eines klar: außerhalb des Hier-und-Jetzt gibt es keine absolute Sicherheit. Dort ist die Sicherheit sehr zerbrechlich. Ein Aktiencrash, eine Überschwemmung, ein Krieg, eine «tödliche» Krankheit, und schon ist die Sicherheit dahin.

Es gibt nur eine totale Sicherheit, und die ist innen in jedem Menschen. Erreicht wird diese totale Sicherheit durch das Leben im Hier-und-Jetzt. Wenn wir nur einen Millimeter aus dem Hier-und-Jetzt hinausfallen, hört sie auf.

Ich kann dieses ganze Kapitel zum Thema Loslassen nicht kürzer, besser und eindrücklicher zusammenfassen als mit einem Text, den meine Frau aus einer inneren Eingebung heraus in weniger als zwei Minuten auf einen «Freßzettel» geschrieben hat. Ich habe dem nichts hinzuzufügen.

Die totale Sicherheit

Ich habe die größte Sicherheit, die es gibt.
Das Vertrauen!
Es schützt mich vollkommen.

Vergleiche nie ein Leben mit einem anderen –
jeder hat seine Lektionen zu lernen.

Die materielle Sicherheit existiert nicht,
falls man nicht dem totalen Schutz durch
seinen inneren Gott vertraut.
Aus unserem Vertrauen in das Leben,
aus unserem Wissen, daß nichts,
absolut nichts «Schlechtes» uns geschehen kann,
entspringt der Überfluß des Lebens.

Es genügt, zu leben,
jeden Augenblick zu lieben,
und sich keine Fragen über den
kommenden Augenblick zu stellen.

2.5 Der Sinn des Lebens

Es gibt Menschen, die befinden sich seit Jahren auf der Suche nach dem Sinn des Lebens. Dazu hat mir einmal eine Kursteilnehmerin eine wunderbare Begebenheit erzählt, die ich Ihnen nicht vorenthalten möchte.

Und das ging so:
Eine Bekannte von ihr rauchte Haschisch. Als diese Frau in einem «erhöhten» Zustand war, hatte sie eine Erleuchtung. Sie fühlte: jetzt wußte sie alles. Sie wußte, was der Sinn des Lebens ist. Um diese Erkenntnis auf keinen Fall wieder zu verlieren, lief sie in die Küche und notierte auf einem Blatt Papier die Erleuchtung.

Daraufhin ging sie wieder zurück ins Schlafzimmer. Als die Wirkung der Droge verschwunden war, wollte sie nachsehen, was sie vorher in der Küche aufgeschrieben hatte. Sie ging also wieder in die Küche, fand das Blatt Papier, und las:

«Ich sitze in der Küche und schreibe.» (!)

Bestimmt können Sie sich den erstaunten Gesichtsausdruck der Dame vorstellen. Das also ist der Sinn des Lebens!?
Soweit die Geschichte.
«Ich sitze in der Küche und schreibe» heißt nichts anderes als Leben im Hier-und-Jetzt. Und es ist dasselbe, das die Zen-Buddhisten wie folgt ausdrücken:

«Wenn ich esse, dann esse ich;
wenn ich trinke, dann trinke ich;
wenn ich lese, dann lese ich;
etc. etc.

Leben im Hier-und-Jetzt.

Sie sehen: es braucht keine Drogen, um zu dieser Erkenntnis zu kommen. Es braucht nur ein wenig Physik und gesunden Menschenverstand. Das Leben ist ja so einfach – **sofern wir uns auf das Wesentliche besinnen.**

3. Liebe

«Die Liebe, o Govinda, scheint mir von allem die Hauptsache zu sein. Die Welt zu durchschauen, sie zu erklären, sie zu verachten, mag grosser Denker Sache sein. Mir aber liegt einzig daran, die Welt lieben zu können, sie nicht zu verachten, sie und mich nicht zu hassen, sie und mich und alle Wesen mit Liebe und Bewunderung und Ehrfurcht betrachten zu können.»

Hermann Hesse, Siddhartha

3.1 Liebe ist ...

«Harmonie, Wissen um die ewige Vollkommenheit der Welt, Lächeln, Einheit.»

Hermann Hesse, Siddhartha

Es gibt wohl kaum einen Begriff, zu dem wir (Christen) ein so gestörtes Verhältnis haben wie zum Begriff der Liebe. 2000 Jahre Christentum haben nicht ausgereicht, das Verständnis für den Begriff Liebe zu wecken. Ich erwähne das Christentum deshalb, weil das DIE Religion ist, in deren Mittelpunkt das Thema Liebe steht, und somit müßten zumindest die Christen einigermaßen wissen, worum es dabei geht. Mitnichten. Wie oft habe ich erlebt, daß ich im Rahmen eines 75minütigen Vortrages während rund 15 Minuten zum Thema Liebe sprach, und was geschah dann? Die Leute haben sich über die Liebe lustig gemacht. 60 Minuten waren einem anderen Thema gewidmet; aber lustig gemacht hat man sich über die Liebe. Mit Schulternklopfen und einem «Jetzt müssen wir uns also lieben, ha, ha, ha.» Seltsam, sehr seltsam.

Es gibt auch Seminarteilnehmer, die zu mir kommen und sagen, man könnte doch an Stelle von Liebe auch von Harmonie, von Verständnis, von Sympathie etc. sprechen. Natürlich kann man das, wenn man unbedingt will. Aber ich kann es nicht. **Liebe ist Liebe.** Punkt. Es ist doch erstaunlich, welche Tricks wir anwenden, um nur ja das Wort Liebe nicht in den Mund nehmen zu müssen. Es fällt uns leicht, über Haß,

Gewalt, Mord und Todschlag zu schreiben und zu diskutieren; wenn es aber um das Thema Liebe geht, dann machen wir die unmöglichsten Verrenkungen, um ja dieses Wort nicht in den Mund nehmen zu müssen. Offenbar hat das Wort Liebe etwas Anstössiges an sich – im Gegensatz zum Wort Haß. In was für einer Welt leben wir denn eigentlich?!

Hin-und-wieder werde ich gefragt, was denn diese Liebe sei, oder ob es denn so etwas wie Liebe überhaupt gebe. Mit diesem ganzen Kapitel 3 versuche ich, eine kleine Ahnung davon zu vermitteln, was Liebe ist und was Liebe bewirkt.

Die Erde ist der Planet der Liebe. Aus meiner Sicht haben wir hier nichts anderes zu lernen als «mehr Liebe». Unser ganzes Leben hier, das ja einen Lernprozeß darstellt, hat nur den einen Zweck, uns vorwärts zu bringen in Richtung auf mehr Liebe. Wir können es noch anders formulieren: was immer uns geschieht, es dient dem Lernprozeß für mehr Liebe. Es ist hier nicht anders als in jeder Schulklasse auch. Der eine lernt schneller, der andere langsamer. Und wer ungenügend ist, der muß die Klasse wiederholen. Unser ganzes Schulsystem ist nichts anderes als ein Abbild des Schulsystems «Planet Erde».

Ohne Liebe würde nichts funktionieren. Der Kosmos würde nicht funktionieren, er würde schlicht und einfach auseinanderfallen. Weiter vorne haben wir gesehen, daß sogar die Naturwissenschaft zur Erkenntnis gelangt ist, daß alles EINS ist. Und diese Einheit hat mit Liebe zu tun. Diese Einheit ist Liebe. Liebe ist ein Gefühl der Einheit – im Gegensatz zu einem Gefühl der Trennung, aus welchem Angst entsteht. Liebe ist somit das Gegenteil von Angst. Sie verstehen jetzt vielleicht besser, weshalb ich zu Beginn dieses Buches auf das Problem der Angst hingewiesen habe. Wir sind jetzt dabei, den Kreis zu schließen. Von der Angst zur Liebe. Wer behauptet, Angst sei wichtig oder nötig, der behauptet, es sei wichtig, keine Liebe zu haben.

Liebe – und nicht Angst – ist DAS fundamentale Gesetz des Lebens.

Liebe heißt Einheit. Und Einheit ist stärker als Trennung. Das heißt: Liebe ist stärker als Angst. Mit anderen Worten:

Liebe ist die stärkste Macht im Kosmos!

Dies ist kein Glaubenssatz, sondern Realität. Ich lade Sie ein, über die Liebe nicht zu disputieren, sondern die Liebe auszuprobieren. Wir können stundenlang vor einem Stromschalter stehen und darüber diskutieren, wie dieser Schalter nun funktioniert – und ob er überhaupt funktioniert. Das ist reine Zeitverschwendung. Wir wissen es, wenn wir auf den Schalter drücken. Nur das Ergebnis zählt. Große Diskussionen über die Liebe bringen uns nicht weiter; wir müssen den Schalter betätigen, dann wissen wir, ob und wie die Liebe funktioniert.

Wenn Liebe die stärkste Macht im Kosmos ist, dann kann daraus geschlossen werden, daß es kein Problem gibt, das nicht mit einer genügend großen Portion Liebe gelöst werden kann. Und genau so ist es. Ob es sich um Ihre privaten Probleme oder um weltweite Probleme wie Armut, Drogen, Arbeitslosigkeit etc. handelt – mit Hilfe der Liebe könnten wir, wenn wir wollten, alle diese Probleme lösen. Wir wenden uns jetzt den ganz persönlichen Problemen und Zielen zu – und nicht den weltweiten Problemen. Das ist keine egoistische Einstellung; da alles EINS ist, helfen wir mit, die Weltprobleme zu lösen, wenn wir unsere persönlichen Probleme lösen. Logisch, nicht wahr?

Erinnern Sie sich daran, daß ich gesagt habe, das menschliche Potential bestehe aus zwei Eigenschaften: Intelligenz und Energie? Und erinnern Sie sich daran, daß wir im Rahmen des Kapitels über das Loslassen festgestellt haben, wo wir unnötig Energie blockieren und verlieren? Jetzt können wir auch diesen Kreis schließen: Liebe führt zu einem Maximum an Energie und Intelligenz (Bewußtsein; siehe nachfolgend 3.2)! Liebe ist die Energie im Kosmos, die sich selbst erzeugen kann, die also unbegrenzt ist. Und je mehr Energie wir einsetzen können, desto schneller erreichen wir unsere Ziele. Unsere Energie ist umso größer, je mehr Liebe wir einsetzen. Wenn uns also das Loslassen hilft, Energieverlust und Energieblockaden zu vermeiden, so hilft uns die Liebe, unsere Energie zu maximieren. **Ein Maximum an menschlichem Potential ist somit dann erreicht, wenn ein Maximum an Liebe aktiviert wird** (denken Sie an Jesus oder an Buddha). Ein Minimum an menschlichem Potential ist dort feststellbar, wo ein Maximum an Angst oder Haß vorhanden ist.

Jeder Gedanke der Liebe erhöht Ihr Potential und erhöht die Energie im Kosmos!

Ich hoffe, Sie spüren langsam, wie die Sache immer einfacher wird. Alles läßt sich auf das Thema Liebe reduzieren. Deshalb scheint es mir so unendlich wichtig, daß wir uns mit diesem Thema beschäftigen – und nicht mit der Atomenergie und den anderen physikalischen Energien. Mahathma Gandhi hat schon vor vielen Jahren wie folgt darauf hingewiesen:

«Das Gesetz der Liebe ist eine viel größere Wissenschaft, als jede andere moderne Wissenschaft.»

Leider betrachten wir die Liebe noch immer nicht als Wissenschaft; folglich stehen zu deren Erforschung auch keine Geldmittel zur Verfügung. Sicher hängt das auch damit zusammen, daß jeder glaubt, er wisse, was Liebe ist. Tatsache ist aber: wir haben nur eine ganz kleine Ahnung von der Funktionsweise und den Möglichkeiten der Liebe, sonst gäbe es nicht alle die zahlreichen Probleme und Konflikte.

Da Liebe Einheit bedeutet, bedeutet Liebe auch Abwesenheit von Konflikt. Wo Einheit ist, herrscht kein Konflikt und wo kein Konflikt ist, herrscht Widerstandslosigkeit. Wenn Sie die Wahl haben, Probleme mit möglichst viel oder mit möglichst wenig Widerstand zu lösen oder Ziele mit möglichst viel oder mit möglichst wenig Widerstand zu erreichen, so dürfte Ihre Entscheidung klar sein: mit möglichst wenig Widerstand natürlich. Alles andere wäre eine Energie- und Zeitverschwendung, nicht wahr? Die Praxis sieht aber anders aus. Oft nehmen wir nicht den Weg des geringsten Widerstandes, sondern einen viel aufwendigeren Weg. Der Weg des geringsten Widerstandes ist nämlich der Weg der Liebe.

Liebe erzeugt keinen Widerstand und führt somit logischerweise am schnellsten zum Ziel.

Wir meinen zwar oft, Kampf führe am schnellsten zum Ziel; das ist aber ein Irrtum: eine oberflächliche Betrachtung. Mit Kampf werden die Probleme nur scheinbar und kurzfristig gelöst. Mittel- und langfristig schafft man sich dadurch zusätzliche Probleme. Da aber Kampf mehr Lärm macht als Liebe, sind wir stärker auf die Kampfstrategie fixiert als auf die Liebesstrategie. Liebe macht keinen Lärm. Dies ist natürlich keine neue Erkenntnis. Schon Laotse hat sich in seinem berühmt gewordenen Tao-teh-king zum Thema Liebe und Kampf wie folgt geäußert:

Wenn man Liebe hat im Kampf, so siegt man; wenn man sie hat bei der Verteidigung, so ist man unüberwindlich. Wen der Himmel retten will, den schützt er durch die Liebe.

Das erinnert sehr an die japanische Kampfsportart Aikido, auf die ich bereits in einem früheren Zusammenhang hingewiesen habe. Meines Wissens nach gibt es keinen Vertreter einer anderen Kampfsportart, der in der Lage ist, einen ausgebildeten Aikidoka zu besiegen. Einer der Grundsätze im Aikido ist der, daß man im Angreifer keinen Gegner sieht, daß man Einheit sieht und nicht Trennung. Und das wiederum ist nichts anderes als ein Gefühl der Liebe. Aus diesem Grunde konnte der Gründer des Aikido, O-Sensei Morihei Uyeshiba, behaupten, er siege immer, wie stark sein «Gegner» auch sei. Er hat ganz klar erkannt, daß der wahre Sieg nicht der Sieg über einen Gegner ist, sondern der Sieg über den Geist der Uneinigkeit in uns selbst. Wer nämlich einen Geist der Uneinigkeit hat, wer daran denkt, daß es einen Feind gibt, ist von Anfang an besiegt.

Liebe kennt keine Uneinigkeit. Liebe kennt keine Feinde.

Lassen Sie mich hier noch etwas ganz Entscheidendes zum Thema Liebe anführen. Wenn ich in diesem Buch von Liebe spreche, so meine ich damit bedingungslose Liebe. Liebe also, die keine Bedingungen stellt. Die einfach liebt. Nicht die Liebe, die sagt, ich liebe dich unter der Bedingung, daß ... du gut kochen kannst, oder du deine Arbeit gut machst etc. etc.

Wir sprechen von bedingungsloser Liebe. Von Liebe also, die nicht urteilt; die nicht teilt. Von Liebe, die liebt, weil alles EINS ist; weil somit alles Gott – oder das Leben – ist. Wenn alles EINS ist, dann heißt das doch auch: es gibt nichts außer Gott, außer dem Leben, außer der Schöpferkraft oder wie immer Sie diese Macht nennen wollen. Sehens Sie's einmal so: wenn alles Gott ist, dann ist dies DER Grund, um alles ohne Urteil, also bedingungslos, zu lieben.

Es gibt nichts außer Gott.
Und Gott ist Liebe.
Und Liebe ist absolute Sicherheit.
Angst ist vom Menschen gemachte absolute Unsicherheit.

Wie Sie wissen, verfügen wir über den freien Willen. Es liegt also an uns, die Liebe (Stärke) oder die Angst (Schwäche) zu wählen. Meine Empfehlung lautet so:

Durch Ihre Bereitschaft,
> gegen alle menschliche «Vernunft»
> gegen alle Gewohnheiten
> gegen alle herkömmlichen Abwehrmechanismen
> gegen alle abergläubischen Meinungen
> gegen unzählige Lehren

zu sagen: **Ich will lieben**

wandeln Sie im Licht und es kann Ihnen nichts, wirklich nichts «Schlechtes» geschehen.

Dies ist so, weil die Liebe die stärkste Macht im Kosmos ist. Anders kann es nicht sein.

Schauen Sie einmal, was der große Gautama Buddha zum Thema Liebe und Hilfe an Bedürftige gesagt hat:

«Es ist größer, während fünf Minuten die wahre göttliche Liebe auszudrücken, als 1000 Schalen Reis den Bedürftigen zu geben, denn durch die Liebe hilft man jeder Seele im Universum.»

Buddha wußte natürlich folgendes:　　Alles ist EINS. Die Liebe ist die stärkste Macht; sie kennt keine Grenzen. Das Verteilen von 1000 Schalen Reis ist eine sehr begrenzte Aktion.

Wem immer Sie helfen wollen, hier haben Sie die machtvollste, einfachste, kostengünstigste und umfassendste Möglichkeit zu helfen. Kommen Sie mir aber jetzt bitte nicht mit der Ausrede, «das ist zu einfach». Tun Sie's. Sie werden dann sehen, wie «einfach» es ist. Noch einfacher ist es nämlich, zu sagen «es ist zu einfach», und sich somit um die praktische Anwendung der Liebe zu drücken.

Ich kenne das Problem, das viele Menschen damit haben. Wer während fünf Minuten «die wahre göttliche Liebe» ausdrückt, den sieht man nicht, den hört man nicht und der kommt auch nicht im Fernsehen. Das heißt: er kann sein Ego damit nicht befriedigen, weil ihm ja niemand auf die Schultern klopft und für seine großzügige Spende dankt. Aber er ist derjenige, der wirklich hilft. Alle andere Hilfe ist nur Illusion, ist dazu da, um unser Gewissen zu beruhigen, um uns selbst einreden zu können, was für gute Menschen wir doch sind. Wirkliche Hilfe zur Selbsthilfe bringt dies aber nicht; das sollten wir eigentlich in der Zwischenzeit langsam gemerkt haben. Aber einmal ehrlich: ist es nicht einfacher, einmal eine kleinere oder größere Geldüberweisung zu machen, als täglich fünf Minuten die wahre Liebe auszusenden? Wenn das mit den fünf Minuten Liebe nämlich so einfach wäre, dann würden es doch alle anwenden, dann wären die Probleme rasch gelöst. Oder nicht?

Wir können somit festhalten:

○ Liebe ist unbegrenzte Energie.
○ Liebe ist die stärkste Macht im Kosmos.
○ Liebe ist stärker als Kampf.
○ Liebe gibt absolute Sicherheit.
○ Liebe ist Einheit, nicht Trennung.
○ Liebe ist die Antwort auf alle Fragen.
○ Liebe ist die Lösung für alle Probleme.

Daß wir das noch nicht gemerkt haben, ist eine Frage unseres Bewußtseins. Deshalb wenden wir uns jetzt dieser Frage zu.

3.2 Der Weg vom sozialen zum kosmischen Bewußtsein

Wenn ich von Bewußtsein spreche, dann meine ich all das, dessen wir uns bewußt sind.

Beispiel: Wir sind uns bewußt, daß wir altern; wir sind uns bewußt, daß in der Welt viel Aggression vorhanden ist; wir sind uns bewußt, daß Autofahren gefährlich ist; etc. etc. Alle erwähnten Beispiele stammen aus dem sogenannten sozialen Bewußtsein. Dieses soziale Bewußtsein ist geprägt von Angst, Zweifel, Mißtrauen, Kritik, Kampf, Haß, Gedanken an Krankheit, Unfall, Alter, Tod usw. Das nenne ich das soziale Bewußtsein. Man spricht auch von engstirnigen Menschen; das sind Menschen mit einem engen Bewußtsein; Menschen also, die nur einen kleinen Ausschnitt aller Möglichkeiten des Lebens wahrnehmen.

Eines dürfte gewiß klar sein: je weiter unser Bewußtsein ist, desto einfacher fällt es uns, unsere Ziele zu erreichen und unsere Probleme zu lösen, weil wir einen größeren Überblick haben. Mehr Bewußtsein heißt letztlich nichts anderes als mehr Intelligenz. Und dies ist eine der zwei Eigenschaften, die unser Potential ausmachen. Unser Ziel sollte es demzufolge sein, unser Bewußtsein so stark wie möglich zu erweitern. Das Maximum an Bewußtseins-Erweiterung, das wir uns vorstellen können, nennt man kosmisches Bewußtsein. Das bedeutet: wir sind uns des Kosmos bewußt. Der Kosmos stellt für uns die Gesamtheit aller Dinge dar. Und da alles EINS ist, wie wir gesehen haben, ist das kosmische Bewußtsein ein Bewußtsein der Einheit allen Lebens. Mehr kann vermutlich nicht erreicht werden.

Es stellt sich jetzt die Frage, wie ich mein Bewußtsein erweitere? Wie gelange ich von einer engen zu einer viel umfassenderen Sichtweise des Lebens?

Die Antwort ist einfach. Sie lautet: Liebe.
Liebe führt zu einer Bewußtseins-Erweiterung; umgekehrt führt Angst, Haß etc. zu einer Bewußtseins-Verengung. Wenn wir uns das Bewußtsein eines Menschen wie eine Vase vorstellen, dann ist unten das enge soziale Bewußtsein und oben das weite kosmische Bewußtsein. Liebe zieht nach oben und Angst zieht nach unten. **Wenn wir fliegen wollen, wenn wir uns über unsere Probleme und Sorgen erheben wollen, dann gibt es nur eines: mehr Liebe.**

Ich habe im Kapitel 3.1 erwähnt, daß der Planet Erde eine Schule der Liebe ist. Das deckt sich mit den Erkenntnissen von Teilhard de Chardin und denen der modernen Atomphysik. Für Teilhard de Chardin entwickelt sich alles zu einem Punkt Omega. Dieser Punkt Omega kann dem kosmischen Bewußtsein gleichgesetzt werden. Auch für den Atomphysiker J. E. Charon entwickelt sich alles zu mehr Bewußtsein. Und mehr Bewußtsein heißt wiederum nichts anderes als mehr Liebe. Alles (Mensch, Tier, Pflanzen, ...) entwickelt sich zu mehr Liebe, zu mehr Bewußtsein.

Die Sache mit dem Bewußtsein hat weitreichende Folgen. Erstens können wir davon ausgehen, daß **alle** Möglichkeiten, vom engsten bis zum kosmischen Bewußtsein, in jedem Menschen enthalten sind. Sie warten nur darauf, erkannt und ans Licht gebracht zu werden. Liebe ist der Weg, um diese unvorstellbaren Möglichkeiten ans Licht zu bringen. Überall dort, wo wir Menschen oder Situationen nicht akzeptieren können, dort blockieren wir uns auf unserem Weg zu einem höheren Bewußtsein.

Ein Mensch kann folglich in seinem eigenen Interesse nichts Besseres tun, als alles, was ihm geschieht, zu lieben. Das ist der schnellste Weg zu seiner eigenen Entwicklung.

Ich empfehle Ihnen wärmstens, diesen Satz nie mehr zu vergessen. (Ich verstehe nicht, wie «Fachleute» in Unternehmen über Persönlichkeitsentwicklung sprechen können, ohne jemals das Wort Liebe in den Mund zu nehmen.)

Zweitens müssen wir davon ausgehen, daß alles was in unserem Bewußtsein als Möglichkeit enthalten ist, eintreten kann. Wenn wir diese Formulierung umkehren, erahnen wir die gewaltigen Konsequenzen dieser Aussage vermutlich noch besser. Und dies lautet so:

Was nicht in unserem Bewußtsein als Möglichkeit vorhanden ist, das kann nicht eintreten.

Stellen Sie sich das einmal vor! Ich gebe Ihnen einige Beispiele: Wenn in unserem Bewußtsein die Idee des Alterns **nicht** vorhanden wäre, dann würden wir nicht altern! In der Praxis ist es aber so, daß die Idee des Alterns schon von Kind an in uns vorhanden ist – und so geschieht es dann auch. Ein weiteres Beispiel: Wenn in unserem Bewußtsein die Idee der Aggression, der Gefährlichkeit der Welt, nicht vorhanden wäre, dann würden wir niemals das «Opfer» einer Aggression werden. In dem Moment aber, indem in unserem Bewußtsein auch nur der kleinste Gedanke an Aggression auftaucht, öffnen wir die Türe für die Möglichkeit, angegriffen zu werden. Sie können es auch so betrachten: wenn in unserem Bewußtsein ausschließlich die Idee der Liebe vorhanden wäre, dann könnte uns nichts «Böses» geschehen. **Es kann uns immer nur das geschehen, was in unserem Bewußtsein als Möglichkeit vorhanden ist; etwas Anderes kann niemals eintreten!**

Frage an Sie: Welchen Inhalt hat Ihr Bewußtsein?

Wenn in Ihrem Bewußtsein die Idee von Krankheit, Unfall, Mißerfolg, Rezession etc. vorhanden ist, dann laufen Sie Gefahr, daß dies eintreten kann.

Wenn in Ihrem Bewußtsein diese Ideen nicht vorhanden sind, dann können diese Dinge in Ihrem Leben nicht geschehen.

Ein eindrückliches Beispiel stammt von einem über 70jährigen katholischen Priester. Dieser Mann lebte in New York und durchquerte nachts zu Fuß und alleine Quartiere, in welche selbst Taxichauffeure nachts nicht hineinfahren. Diesem Mann geschah aber nie etwas. Nicht die geringste Aggression. Der Grund ist klar und einfach. Im Bewußtsein dieses Menschen war nicht die kleinste Idee von Aggression oder Gefährlichkeit vorhanden. Sein Bewußtsein war imprägniert von der Idee der Liebe. Was soll ihm da schon geschehen können? Haben wir nicht gesagt, die Liebe sei die stärkste Kraft der Welt? Und haben wir nicht ebenfalls gesagt, es gibt keinen Zufall? Niemand kann zufällig angegriffen werden. Er kann nur dann angegriffen werden, wenn die Idee des Angriffs, der Aggression in ihm vorhanden ist. Da nun leider das Bewußtsein der meisten Menschen nicht mit der Idee der Liebe, sondern mit der Idee der Aggression durchdrungen ist, können solche Dinge logischerweise geschehen. Ich möchte fast sagen, sie geschehen mit mathematischer Gewißheit.

Kennen Sie die Geschichte vom Kalifen Omar?

Jemand wollte Omar, dem großen Kalifen Arabiens, etwas Böses antun. Obwohl Omar ein König war, wohnte er nicht in seinen Palästen, sondern in der Natur. Das wußte der Mann, der Omar töten wollte, und er dachte, dies würde seine Aufgabe erleichtern. Als er sich dem Platze, an dem Omar saß, näherte, bemerkte er etwas Seltsames. Je näher er kam, desto mehr veränderte sich seine Einstellung (Bewußtsein!). Und als er Omar erblickte, fiel ihm der Dolch aus der Hand und er sagte: «Ich kann dich nicht verletzen. Sage mir, was ist die

Kraft in dir, die mich daran hindert, das zu tun, um dessentwillen ich gekommen bin?» Kalif Omar antwortete: «Mein EINS-SEIN mit Gott.»

Omar hatte nicht die kleinste Idee der Trennung in seinem Bewußtsein. Er hatte nur Liebe (EINS-SEIN) in seinem Bewußtsein, deshalb war es unmöglich, daß er verletzt werden konnte. Niemand kann zufällig verletzt werden. Das ist nicht irgendein hübsches Geschichtlein; das ist konkrete tägliche Realität. Was nicht in unserem Bewußtsein vorhanden ist, das kann nicht eintreten.

Nehmen Sie zwei Menschen, die sich über eine bestimmte Stadt unterhalten. Der eine sagt (denkt), dies ist eine gefährliche Stadt. Der andere sagt (denkt), dies ist eine schöne, sichere Stadt. Beide haben recht! Die beiden werden diese Stadt entsprechend erleben: gefährlich der eine, sicher der andere. Die Welt ist das, was wir von ihr denken. Oder wie es Jesus ausgedrückt hat: «Euch geschehe nach eurem Glauben.» Ersetzen Sie das Wort Glauben ruhig durch das Wort Bewußtsein. Dann heißt es:

Ihnen geschieht nach dem, was Sie in Ihrem Bewußtsein haben! Haben Sie mehr Liebe oder mehr Angst, Aggression, Kampf, Abwehr etc. in Ihrem Bewußtsein?

Sie können auch davon ausgehen, daß sich Menschen mit ähnlichen Bewußtseinsinhalten anziehen. Sie treffen also nicht zufällig irgendwelche Menschen; Sie treffen jene Menschen, die ähnlich denken wie Sie.

Betrachten Sie einmal gewisse Völker. Es gibt Völker, die haben ein Bewußtsein der Armut; und es gibt Völker, die haben ein Bewußtsein von Reichtum. Und gemäß dem 2000 Jahre alten Satz «Euch geschehe nach eurem Glauben» geschieht den betreffenden Völkern eben das, was sie glauben.

Das Problem der Armut wird nie gelöst werden können, indem man lediglich Eßwaren liefert (siehe auch den Ausspruch des Buddha). Das Problem der Armut (wie übrigens jedes Problem) kann nur über eine Änderung des Bewußtseins der betreffenden Menschen gelöst werden. Die Hilfe, die wirklich etwas bringen würde, ist eine Hilfe zur Änderung des Bewußtseins.

Alles ist eine Frage des Bewußtseins.

Wenn Sie sich über einen anderen Menschen ärgern, wenn Sie also Ärger in Ihrem Bewußtsein haben, dann bleiben Sie an diesem Menschen «kleben». Wenn Sie sich von ihm lösen wollen, dann müssen Sie Ihr Bewußtsein ändern. Lieben Sie ihn oder akzeptieren Sie ihn so wie er ist, dann können Sie sich von ihm (bewußtseinsmäßig und auch tatsächlich) lösen.

Ich wiederhole hier meine Empfehlung:

Was immer auch geschieht, lieben Sie es.

Der Grund dafür: Liebe führt zu einer Bewußtseins-Erweiterung und somit zu der Fähigkeit, alles zu realisieren, was man will – und zwar schneller als auf irgendeine andere Art, weil Liebe Abwesenheit von Konflikt bedeutet. Das Leben kann somit mit einem Maximum an Geschwindigkeit fließen. Wer nicht liebt, blockiert sein Bewußtseinsniveau und somit seine Entwicklung. Wer nicht liebt, blockiert seine Intelligenz und seine Energie – und somit sein menschliches Potential; gleichzeitig setzt er sich allen möglichen unangenehmen Einflüssen aus (Aggression, Unsicherheit, Mißgeschick, etc.). Wie «schlecht» die Welt auch immer sein mag, ein Mensch, der über eine genügend große Portion Liebe verfügt, wird davon in keiner Art und Weise beeinflußt.

Sie sind nur begrenzt durch Ihren Mangel an Liebe!

Erinnern Sie sich daran, daß ich schon früher erwähnt habe, das menschliche Potential sei unbegrenzt? Hier haben Sie einen weiteren konkreten Grund dafür. Niemand wird behaupten wollen, für die Liebe gäbe es eine Grenze; also gibt es auch für das menschliche Potential, für Ihr Potential, keine Grenze. Jeder Mensch ist unbegrenzt.

Dazu müssen wir aber aus dem Traum des gesellschaftlichen (sozialen) Bewußtseins aufwachen. Wir müssen aufhören, nur das zu denken, was die Mehrheit der Menschen denkt. Wir müssen aufhören damit, nur «nette» Dinge zu sagen und zu tun, damit wir ja niemanden stören oder verletzen. Wir müssen damit beginnen, völlig selbständig zu denken; unabhängig von allem, was uns die Eltern, die Schule, die Nachbarn, die Medien etc. vorgedacht haben. Wir müssen in unserem Denken erwachsen werden.

Was «die anderen» von Ihnen denken, ist unwichtig. Was Sie von den anderen denken, hat eine gewisse Wichtigkeit, weil ja alles EINS ist und weil die Welt das ist, was Sie von ihr denken. Noch wichtiger aber ist das, was Sie von sich denken. Damit sind wir beim nächsten Thema angelangt.

3.3 Liebe Deinen Nächsten wie Dich selbst

Dieser Satz dürfte wohl jedem Christen bekannt sein. Meiner Erfahrung nach konzentrieren sich die meisten Menschen aber praktisch ausschließlich – wenn überhaupt – auf den ersten Teil des Satzes. Aus meiner Sicht ist der zweite Teil des Satzes wichtiger. Weshalb?

Wer sich selbst nicht liebt, der kann auch die anderen nicht lieben. Weiter vorne habe ich begründet, weshalb es nötig ist, alles zu lieben, was uns geschieht (Menschen und Situationen). Damit wir das können, braucht es zuerst etwas anderes: die Liebe zu uns selbst. Die Selbstliebe. Das hat dann nichts mit Egoismus zu tun, wenn wir uns daran erinnern, daß alle anderen ebenso liebenswert sind wie wir selbst.

Die wichtigste Eigenschaft beispielsweise für einen Vorgesetzen ist aus der Sicht des LOLA-Prinzips eindeutig das: die Liebe zu sich selbst. Ist er dazu nicht fähig, dann kann er seine Mitarbeiter nicht lieben – und das heißt: nicht führen – und er wird seine Probleme und Konflikte in den Arbeitsalltag hineinbringen – mit allen negativen Konsequenzen. Wer sich selbst liebt, ist in Harmonie mit sich selbst, und er wird deshalb keine Konflikte nach außen tragen.

Außerdem: wir haben vorhin gesehen, daß Liebe zu einer Erweiterung des Bewußtseins führt. Eine Erweiterung des Bewußtseins hat wiederum mit einer Erweiterung der Erkenntnis zu tun. Wer hat nicht schon die Aussage gehört, das oberste Ziel eines Menschen sei, sich selbst zu erkennen? Wie erkennt man sich selbst? Wie erkennt man sein Potential?

Darauf gibt es nur eine Antwort: indem man sich selbst liebt!

Was machen aber viele Menschen, um sich selbst besser zu erkennen? Sie analysieren sich oder lassen sich analysieren. Gemäß unseren Überlegungen ist das nicht der beste Weg, der zur Selbsterkenntnis führt. Sich zu analysieren ist ein Zeichen mangelnder Liebe sich selbst gegenüber. Wer sich selbst wirklich liebt, der braucht sich nicht analysieren zu lassen. Die Analyse zerlegt in Einzelteile und bringt mit Sicherheit weniger gute Resultate als die Liebe zu sich selbst. Oft sogar ist es so, daß sich ein analysierter Mensch nachher mehr auf seine vermeintlichen Schwächen konzentriert, als auf seine Stärken. Bitte halten Sie sich das ganz klar vor Augen:

Analyse trennt in Einzelteile. Daraus entsteht Konflikt.
Liebe fügt zusammen; ist Einheit. Daraus entsteht Harmonie.

Aus rein logischen Gründen ist deshalb die Liebe der Analyse weit überlegen – und es braucht weniger Zeit und Geld. Liebe ist also auch ökonomischer als die Analyse. Stellen Sie sich vor, was für eine Bedeutung das in einem Unternehmen hat! Wenn Hunderte oder Tausende von Mitarbeitern sich eher nicht lieben oder sich eher lieben. Das Potential, das da blockiert oder entfesselt wird, ist gewaltig. Ich habe ein Unternehmen gekannt, das hat seine Mitarbeiter analysiert, um die Stärken und Schwächen der Mitarbeiter herauszufinden und um allfällige talentierte Mitarbeiter zu fördern. Dieses Unternehmen hatte intern recht große Probleme; die Mitarbeiter haben sich nämlich mehr auf ihre Schwächen konzentriert als auf ihre Stärken, und das ist der Selbstliebe auf keinen Fall förderlich. Es ist enorm, was man damit kaputt machen kann. Demgegenüber ist mir ein anderes Unternehmen bekannt, das niemals auf die Idee kam, seine Mitarbeiter zu analysieren. Die Idee des Managements war: «Wir lieben unsere Mitarbeiter.» Diese Einstellung fördert natürlich das Potential der Mitarbeiter. Das Ergebnis war ein weit überdurchschnittliches Wachstum des Unternehmens innerhalb weniger Jahre.

Bedenken Sie bitte auch folgendes: wer sich selbst liebt, der liebt durch sich und in sich auch die ganze Welt. Weshalb? Ganz einfach: alles ist EINS!

Zu Beginn dieses Buches habe ich erklärt, daß mich eine einzige Frage interessiert. Diese Frage lautet: Wie kommt man mit einem Minimum an Zeit und Aufwand von einem IST-Zustand zu einem SOLL-Zustand?
Wir haben gesehen, daß es dazu zwei «Dinge» braucht: Intelligenz und Energie.
Und jetzt haben wir festgestellt, was zu einem Maximum an Intelligenz und Energie führt: Liebe. Und da alles immer bei einem selbst beginnen muß, können wir weiter präzisieren: die Liebe zu sich selbst.

Die eindeutige Antwort auf unsere zentrale Frage lautet somit:

Die Liebe zu sich selbst und zu allen anderen führt dazu, daß beliebige Ziele mit einem Minimum an Zeit und Aufwand erreicht werden können.

Denken Sie nur an das einfache Beispiel mit der Gewichtsabnahme. Es gibt keinen einfacheren, schnelleren und kostengünstigeren Weg zur Gewichtsabnahme als die Liebe zu sich selbst. Das heißt: sich so zu akzeptieren, wie man ist (mit dem ganzen «Übergewicht»).

Das gleiche gilt für einen Verkäufer. Es gibt keinen einfacheren, schnelleren und kostengünstigeren Weg zu mehr Umsatz als die Liebe zu sich selbst. Daraus entspringt dann die Liebe zu seinen Kunden und natürlich auch zum Produkt.

Das gleiche gilt für einen Kranken. Es gibt keinen einfacheren, schnelleren und kostengünstigeren Weg zur Genesung als die Liebe zu sich selbst. Achtung: ich habe nicht gesagt, Sie sollen nicht mehr zum Arzt gehen. Ich sage, die Liebe unterstützt den Heilungsprozeß auf eine unvorstellbare Art und Weise.

Diese Beispiele könnten beliebig vermehrt werden – es ist immer das gleiche Verhalten, das zur Anwendung kommt. Der bereits wiederholt zitierte Atomphysiker J.E. Charon hat es wie folgt zusammengefasst:

«**Die Liebe ist der einfachste und wirkungsvollste Prozeß zur Vermehrung der Erkenntnis im Universum.**»

Es gibt nichts Einfacheres als die Liebe.
Es gibt nichts Wirkungsvolleres als die Liebe.

Stellen Sie sich das vor! Wie genial einfach die Welt/der Kosmos organisiert ist. Am Ursprung von allem steht die Liebe.

Dies ist ganz entschieden die radikalste Umsetzung des ökonomischen Prinzips. Liebe ist nicht irgendein mystisches Gefühl; Liebe ist Ökonomie und Physik.

Es ist keine radikalere Aussage vorstellbar als diese:

«**Liebe Deinen Nächsten wie Dich selbst.**»

In der ganzen Menschheitsgeschichte wurde meiner Meinung nach kein gewaltigerer Satz geprägt als dieser. Und in der ganzen Geschichte der Physik wurde kein eindrücklicheres Prinzip aufgestellt als dieses. Dies ist Supraleitung in Reinkultur.

Passen Sie aber auf mit dem Wort «Nächsten». Da alles EINS ist, ist jede und jeder der Nächste! Dazu gehören nicht nur die Menschen, dazu gehört ganz einfach alles: die Tiere, die Pflanzen, die Steine, alles. Wir haben in einem anderen Zusammenhang ja bereits festgestellt, daß alles Bewußtsein hat – also auch Steine und Pflanzen.

Ich habe diese Aussage das erste Mal bewußt erlebt und angewendet, als ich bis zu beiden Ohren in Konflikten steckte. Konflikte mit Mitarbeitern, Konflikte mit Kunden und Konflikte mit Lieferanten. Jeden Abend war ich völlig zerschlagen. Konflikte brauchen Energie und nagen an der Gesundheit. Ich wußte auf herkömmliche Art nicht mehr weiter, also mußte ich einen radikal anderen Weg einschlagen. Und dieser Weg hieß: Liebe. Praktisch habe ich folgendes gemacht: Ich habe mir gesagt, daß ich täglich einige Minuten Zeit für meine körperliche Hygiene aufwende; weshalb also nicht ebenfalls einige Minuten für die geistige Hygiene aufwenden? So habe ich mich entschlossen, jeden Morgen während fünf Minuten in Gedanken Liebe an jene Menschen zu senden, mit denen ich Konflikte hatte. Ich habe mir diese Menschen vorgestellt, und habe ihnen Liebe gesendet. Nach wenigen Tagen habe ich mir gesagt, wenn ich morgens fünf Minuten Zeit habe, dann habe ich abends bestimmt auch fünf Minuten Zeit. Und so habe ich dann morgens und abends während mindestens – meistens waren es mehr – fünf Minuten Liebe gesendet. Das Ergebnis durfte sich sehen lassen: nach rund drei Monaten waren sämtliche Konflikte zur Zufriedenheit der Beteiligten gelöst. Bei dieser Art der Konfliktlösung gibt es keine Verlierer, es gibt nur Sieger. Ein Konflikt ist nämlich nicht gelöst, wenn ein Verlierer zurückbleibt. Die schlechten Gefühle des Verlierers werden sich mit Sicherheit irgendwo entsprechend auswirken – sie werden also zu weiteren Konflikten führen.

Ein Mann hat mir folgendes Erlebnis geschildert: Er mußte oft an Verwaltungsratssitzungen teilnehmen. Am Ende dieser Sitzungen war er jeweils völlig erschöpft. Seine ganze Energie war also weg. Eines Tages hat auch er zu einer radikalen «Methode» gegriffen. Während der ganzen Verwaltungsratssitzung hat er nichts gesprochen, er hat «nur» gedacht: «ich liebe euch.» Die Wirkung hat ihn völlig verblüfft. Am Schluß der Sitzung sind nämlich zwei Teilnehmer gekommen und haben sich bei ihm bedankt für das, was er gesagt habe. Er war so überrascht, daß er nichts zu antworten wußte. Er hatte ja während der Sitzung kein Wort gesprochen! Nach dieser Sitzung fühlte er sich wohl – und die anderen offenbar auch.

Denken Sie auch hier daran: wenn Sie einem anderen Menschen Liebe senden, dann senden Sie eigentlich sich selbst und der ganzen Welt Liebe, denn alles ist EINS. Anders formuliert: es spielt überhaupt keine Rolle, wem Sie Liebe senden – es kommt immer dem ganzen Kosmos zugute, und das bedeutet: Sie unterstützen damit auch den Friedensprozeß bei allen militärischen Konflikten auf dieser Welt. Das ist nicht wenig.

Das Beste, das Sie zur Konfliktlösung auf der Welt beitragen können, ist:
sich selbst und die anderen zu lieben.

3.4 Die Ursache aller menschlichen Probleme und deren Überwindung

Nach dem bisher Gesagten sollte die Beantwortung dieser Frage eigentlich leicht fallen. Was ist die Ursache tatsächlich aller menschlichen Probleme?

Es ist die Idee der Trennung. Wie wir gesehen haben, ist diese Trennung eine Illusion; es gibt keine Trennung im Kosmos; es gibt keine Trennung zwischen Ihnen und mir; es gibt keine Trennung zwischen Ihnen und allen anderen Menschen. Die Idee der Trennung ist eine Illusion und führt unweigerlich zu Konflikten, also zu Problemen. Man sollte sich jetzt noch die Frage stellen, weshalb wir denn diese Trennung machen? Was ist der Grund dafür? Auch diese Antwort ist wieder einfach: es ist ein Mangel an Liebe. Liebe ist ein Gefühl der Einheit, folglich ist die Idee der Trennung ein Mangel an Liebe.

Überall dort, wo diese Idee der Trennung zu stark wird, entstehen Probleme. Denken Sie beispielsweise an die Trennung zwischen Mensch und Natur. Mittlerweile haben wir gemerkt, daß der Mensch auch ein Teil der Natur ist, daß Mensch und Natur eine Einheit bilden – und schon hat ein Umdenken stattgefunden. Wer sich EINS fühlt mit etwas anderem, der geht mit diesem anderen selbstverständlich anders um, als wenn er sich davon getrennt fühlt.

Denken Sie auch an die Trennung zwischen Mann und Frau. Wo diese Trennung zu stark gemacht wird, entstehen Probleme. Oder denken Sie an die Trennung zwischen den Religionen. Wieviele Kriege sind deswegen schon geführt worden?! Denken Sie auch an die Trennung zwischen der Geschäftsleitung und den Mitarbeitern; wenn diese Trennung zu groß wird, dann sind die Probleme vorprogrammiert.

Diese Idee der Trennung kommt aus uns selbst. In uns drin haben wir diese Trennung zwischen Kopf und Herz, zwischen Ratio und Liebe gemacht. Wir haben die Liebe zugunsten der Ratio verdrängt. Wir haben den «Gott» der Ratio angebetet und haben uns damit in all die bekannten Probleme hineinmanövriert. Wenn wir in uns drin eine Trennung machen, dann projizieren wir diese Trennung auch nach außen. Das hat auch wieder mit dem Grundsatz zu tun, daß alles EINS ist. Wenn ich in mir drin getrennt bin, dann sehe ich auch die Welt getrennt. Es gibt zahlreiche Menschen, die an dieser Trennung leiden. Und wenn dieses Leiden beinahe unerträglich wird, dann ist der Griff zu Drogen nicht weit. Für mich sind die Drogensüchtigen hochsensible Menschen, die auf der Suche nach der Einheit sind. Aus dieser Optik betrachtet sind die Drogensüchtigen ein Spiegel unserer Gesellschaft. Auch das Drogenproblem ist nur zu lösen, wenn wir die Liebe zu Hilfe nehmen und das heißt: die Idee der Einheit allen Lebens wieder herstellen.

Wir kommen also wieder auf das bereits früher erwähnte Ergebnis zur Lösung aller Probleme: der Schlüssel liegt in jedem einzelnen Menschen drin, nicht irgendwo draußen in der Welt.

Die Überwindung aller Probleme erfordert die Überwindung der Idee der Trennung in uns drin und das wiederum erfordert: mehr Liebe zu uns selbst und zu allem und allen. In einem Satz:

«Liebe Deinen Nächsten wie Dich selbst.»

Auch aus naturwissenschaftlicher und ökonomischer Sicht kann man es nicht anders ausdrücken.

3.5 Dankbarkeit – eine vergessene Dimension

Eine praktische Anwendung der Idee der Liebe ist die Dankbarkeit. Nur wer über eine genügend große Portion Liebe verfügt, kann dankbar sein. Wer einen Mangel an Liebe hat, ist nicht dankbar. Dankbarkeit ist also ein Ausdruck der Liebe.

Hören wir uns an, was Joachim-Ernst Berendt in seinem Buch «Nada Brahma, Die Welt ist Klang», zum Thema Dankbarkeit und Musik zu sagen hat:
«Deshalb ist alle Musik – zuerst einmal – ein Lob Gottes. Auch dieser Gedanke durchzieht die Musikvorstellungen fast aller Völker der Erde.»

Musik als Ausdruck der Dankbarkeit und somit als Ausdruck der Liebe. Offenbar wußten intuitiv fast alle Völker etwas über die kosmische Bedeutung der Liebe. Fehlende Dankbarkeit ist ein Mangel an Achtung und Respekt dem Leben gegenüber. **Wie können Sie hoffen, vom Leben belohnt zu werden, wenn Sie das Leben nicht achten, nicht dafür danken?** Auch hier wirkt das Gesetz von Aktion und Reaktion.

Mir liegt es sehr daran, immer wieder auf die ökonomische Dimension der Liebe und somit der Dankbarkeit aufmerksam zu machen. Dafür gibt es ein beinahe unglaubliches Beispiel. Es handelt sich um eine Mannschaft von Verkäufern. Diese Verkäufer mußten im Durchschnitt täglich 40 Verkaufskontakte herstellen. Aus diesen 40 Kontakten ergaben sich im Durchschnitt 4 Vorführungen (es handelte sich um Staubsauger). Aus diesen 4 Vorführungen ergab sich jeweils 1 Verkaufsabschluß. Unter den Verkäufern gab es nun aber einen, der erzielte ganz andere Ergebnisse. Er machte täglich nur rund 12

Verkaufskontakte. Daraus ergaben sich 6 Vorführungen. Und daraus wiederum tätigte dieser Mann 3 Verkäufe. Man höre und staune: mit einem Drittel des Aufwandes der Durchschnittsverkäufer verkaufte dieser Mann dreimal mehr! Da alle auf Provisionsbasis arbeiteten hieß das: **dieser Mann verdiente dreimal mehr als der Durchschnitt aller Verkäufer.** Wie machte er das? Wer das LOLA-Prinzip kennt, der weiß natürlich, daß es irgendetwas mit Liebe zu tun haben muß. Konkret handelt es sich um folgendes: der Durchschnittsverkäufer ärgert sich, wenn er an einer Haustüre eine Absage bekommt. Wie wir gesehen haben bedeutet Ärger Energie- und Intelligenzverlust. Das Ergebnis ist entsprechend. Der Durchschnittsverkäufer muß sehr viele Kontakte machen, um zu einem Abschluß zu kommen. Ganz anders der hier erwähnte Verkäufer C. D.; er dankte (innerlich) auch für jene Kontakte, die **nicht** zu einer Vorführung geführt hatten. **Er liebte alles, er dankte für alles!**

Für einen neuen Auftrag zu danken, ist keine Kunst. Das macht auch der Durchschnittsverkäufer. Der außergewöhnliche Verkäufer dankt auch für scheinbare «Mißerfolge». Dort liegt der große Unterschied.

Es ist nicht ein bestimmtes Fachwissen oder eine besondere Verkaufstechnik, die zu diesem überdurchschnittlichen Erfolg geführt hat, nein, es ist eine ganz bestimmte innere Einstellung. Es ist die Einstellung der Liebe und der Dankbarkeit dem Leben gegenüber.

Wer das Leben liebt, wer sich bedankt, den wird das Leben entsprechend belohnen. Das ist nichts anderes als die Anwendung des universellen Gesetzes von Aktion und Reaktion. Überhaupt ist in der Haltung der Dankbarkeit dem Leben gegenüber das ganze LOLA-Prinzip enthalten. Das Gesetz von Aktion und Reaktion bewirkt, daß auch die Dankbarkeit zurückkommt. Dankbarkeit ist eine Form des Loslassens und ermöglicht es dem Leben, zu fließen, sich zu verändern. Das braucht es, um Ziele zu erreichen. Dankbarkeit ist ein Ausdruck der universellen Liebe, des einfachsten und wirkungsvollsten Verhaltens, das es im Kosmos gibt.

Hat vielleicht auch Voltaire vor mehr als 200 Jahren geahnt, was in der Dankbarkeit verborgen ist?
In seinem epochalen Werk «Candid oder Die beste der Welten» hat Voltaire einige Gedanken zum Thema Dankbarkeit niedergeschrieben, die in ihrer Kürze und Eindrücklichkeit wohl kaum zu überbieten sind. Candid besucht das Land Eldorado und fragt einen Greisen, ob das Land denn auch eine Religion habe. «Wie können Sie daran zweifeln», sagt dieser, «halten Sie uns denn für undankbar?» Candid fragt bescheiden, welcher Religion man in Eldorado anhänge. Der Greis errötet und erklärt: «Kann es denn zwei Religionen geben? Wir haben, glaube ich, die Religion der ganzen Welt; wir loben Gott vom Abend bis zum Morgen.» Weiter will Candid wissen, ob man in Eldorado nur den einen Gott anbetet. «Aber gewiß», sagt der Greis, «denn es gibt doch weder zwei, noch drei, noch vier. Ich muß gestehen, daß die Leute aus eurer Welt recht sonderbare Fragen stellen.» Candid fuhr fort, den Greisen mit Fragen zu bombardieren. Er wollte wissen, wie man in Eldorado etwas von Gott erflehe. «Wir erflehen nichts von ihm», sagte der gute und würdige Weise; «wir brauchen ihn um nichts zu bitten; er hat uns alles gegeben, wessen wir bedürfen, wir danken ihm ohne Unterlaß.» Der neugierige Candid wollte Priester sehen; er ließ fragen, wo sie seien. Der gute Greis lächelte. «Lieber Freund», sagte er, «wir alle sind Priester, der König und alle Familienhäupter singen allmorgendlich feierliche Dankeshymnen; und fünf- oder sechstausend Musiker begleiten sie.»

Erstaunlich, nicht wahr? Anzufügen wäre noch, daß der von Voltaire beschriebene Reichtum in Eldorado unvorstellbar groß war; die Gläser waren aus Diamanten und die Kieselsteine waren das, was wir Gold und Edelsteine nennen.

Erinnert das nicht stark an den reichsten Herrscher aller Zeiten, an den König Salomo? Auch seine Reichtümer waren unbeschreiblich groß. Und wie wurde der König Salomo genannt? «Der Weise» und der «König der Liebe».

Ich will es hier wiederholen, damit keine Mißverständnisse aufkommen: Liebe und Dankbarkeit haben nichts mit Schwäche und Armut zu tun – im Gegenteil. Liebe hat sehr viel mit Macht und Wohlstand zu tun. Das ist nichts als logisch; wenn Liebe die stärkste Macht ist im Kosmos, dann wäre es absurd, wenn Liebe irgendetwas mit Armut, mit Schwäche zu tun hätte. Im Kosmos herrscht nicht Mangel, im Kosmos herrscht Überfluß, weil die Liebe der Ursprung von allem ist – und die Liebe hat keine Grenzen. Der Mensch, mit seinem begrenzten und begrenzenden Denken, hat den Mangel, hat Armut geschaffen. Auch Armut ist demzufolge ein Zeichen von mangelnder Liebe.

Schauen Sie um sich:
Armut, Hunger, Aids, Drogen, Arbeitslosigkeit, bewaffnete Konflikte, Aggressionen etc. etc. – alles eine Folge mangelnder Liebe, mangelnder Dankbarkeit.

Folglich werden diese Probleme nie und nimmer lösbar sein, wenn wir nicht bereit sind, uns mit dem Thema Liebe auseinanderzusetzen. Wird bei den Lösungsvorschlägen die Liebe weggelassen, so handelt es sich nur um oberflächliche Alibiübungen, die vielleicht kurzfristig gewisse Ergebnisse bringen, mittel- und langfristig aber die Probleme vergrößern. Wo ein Mangel an Liebe ist, werden die Probleme größer; um das zu sehen, braucht man kein Hellseher zu sein.

Ich mache Sie dringend auf folgendes aufmerksam: die hier gemachten Aussagen haben nichts mit Glauben zu tun. Es sind Tatsachen, die **jeder** Mensch in seinem Leben ausprobieren kann.

Wie groß Ihre Probleme auch immer sein mögen, wenn Sie es schaffen, **ab sofort** (weshalb bis morgen warten?) für alles was Ihnen geschieht zu danken, dann wird sich Ihr Leben innerhalb von 1 bis 3 Jahren total verändern – auf eine Art, wie Sie es nie für möglich gehalten hätten. Die Zeit, die Sie dafür benötigen, hängt natürlich davon ab, wie überzeugt und wie intensiv Sie **für alles** in Ihrem Leben danken können. (Selbst wenn es drei Jahre dauern würde: was sind schon drei Jahre im Leben eines Menschen?)

Vierter Teil

Rück- und Ausblick

1. Zusammenfassung

Über drei Stufen hinweg habe ich versucht, das LOLA-Prinzip zu entwickeln. Zahlreiche Einzelteile haben sich zu einem Ganzen zusammengefügt. Nicht jedes Einzelteil ist für alle Menschen gleich wichtig; der eine wird dies und der andere etwas anderes als besonders wichtig erachten. Sinnvollerweise sollte deshalb jeder Leser und jede Leserin für sich ganz persönlich eine Zusammenfassung machen. Sie könnten zum Beispiel versuchen, in einem Satz, oder in wenigen Worten das für Sie Wesentliche zusammenzufassen.

Als Gedankenhilfe gebe ich Ihnen hier einige Anregungen, wie eine Zusammenfassung aussehen könnte.

Variante 1: Die naheliegendste Zusammenfassung lautet natürlich LOLA.
Loslassen, Liebe, Aktion = Reaktion

Variante 2: Liebe Deinen Nächsten wie Dich selbst. Auch damit ist alles gesagt. 6 Worte, die Ihr Leben verändern können.

Variante 3:   Ich weiß.
              Es ist einfach.
              Ich liebe.

              Das sind 7 Worte, die Ihr Leben verändern können.

Variante 4:   Ich bin verantwortlich.

              Damit machen Sie einen Quantensprung in Ihrer persönlichen Entwicklung.

Variante 5:   JETZT!

              Leben im Hier-und-Jetzt. Der ideale Lebenszustand; er führt zu einem Maximum an universeller Intelligenz und an Energie.

Wenn Sie alle diese Möglichkeiten überdenken, dann müßten Sie eigentlich zu folgender Schlussfolgerung kommen:

«**Es gibt nichts Wichtigeres auf der Welt als das, was ICH JETZT DENKE!**»

2. Der große Irrtum:
«Ihr werdet sein wie Gott.»

Ab und zu hört oder liest man diesen Satz: «Ihr werdet sein wie Gott.» Wenn wir nun all das in diesem Buch Gesagte nochmals vor unserem geistigen Auge passieren lassen, dann müssen wir folgern: dieser Satz stimmt nicht ganz.

Wenn tatsächlich alles EINS ist, dann heißt das doch logischerweise: wir sind auch EINS mit Gott. Wir sind EINS mit dieser allmächtigen, allwissenden, allliebenden Macht. Also: wir werden nicht sein wie Gott, wir sind Gott!

Dieser Irrtum hat fürchterliche Folgen. Der Satz «Ihr werdet sein wie Gott» verschiebt das Gottsein in eine ferne Zukunft. Damit ist tragischerweise die Idee verbunden, daß wir noch einen sehr langen Weg zurückzulegen haben, bis wir einmal so weit sein werden. Das ist der «Trick» zahlreicher Methoden, Religionen, Gurus etc. Sie stempeln uns einerseits zu Sündern und andererseits erklären sie uns, daß wir einmal in einer ganz fernen Zukunft «wie Gott sein» werden. Und natürlich kennen diese Gurus etc. den langen und beschwerlichen Weg dorthin. Das Praktische an der Sache ist das: niemand wird das Ziel jemals erreichen – es ist ja so weit weg! Niemand wird also dem Guru etc. beweisen können, daß er nicht recht hatte. Der Satz «Ihr werdet sein wie Gott» wirkt genau so, wie wenn man einem Menschen einen zirka 50 cm langen Stab auf den Kopf binden würde und am Ende dieses Stabes wäre eine Wurst befestigt. Es ist gar nicht möglich, daß dieser Mensch die Wurst jemals erreichen wird.

Ich wiederhole es nochmals: «Ihr werdet sein wie Gott» ist die sicherste Garantie dafür, daß wir nie, niemals, sein werden wie Gott!

Denken Sie auch daran, daß es im Kosmos keine Zeit gibt. Die Zeit ist eine Illusion, auf die wir hereingefallen sind. Alles ist EINS: Vergangenheit-Gegenwart-Zukunft. Im Leben gibt es nur das JETZT. Entweder wir sind hier und jetzt Gott – oder wir werden es niemals sein.

Wir sind Gott. Jetzt.

Wir haben lediglich vergessen, daß wir Gott sind. Wir haben vergessen, daß wir allmächtig, allwissend, daß wir Liebe sind.

Folglich brauchen wir uns nichts Neues anzueignen – wir sind ja schon alles!

Wir brauchen nur wahrzunehmen, daß wir alles sind. Wir brauchen nur alle Krücken wegzuwerfen, die uns am Gottsein hindern.

Wahrnehmung hat etwas mit Erkenntnis zu tun. Erkenntnis wiederum ist eine Sache des Bewußtseins. Und wie wir gesehen haben, erfolgt eine Bewußtseins-Erweiterung über die Liebe. Jeder Mensch ist ein Brunnen der Liebe. Er wird nicht ein Brunnen der Liebe sein, nein, er ist es hier und jetzt.

Wenn Sie jetzt in Versuchung kommen, zu denken, Sie seien noch nicht so weit, Sie bräuchten noch viel Arbeit an sich selbst, sprich: viel Training, dann mache ich Sie auf eines der Grundprinzipien des Lebens aufmerksam: die Welt ist das, was Sie von ihr denken! Wenn Sie denken, Sie müßten noch viel und intensiv und lange an sich arbeiten, dann ist das so. Das ist Ihre Wahrheit. Damit erreichen Sie eines, nämlich, daß Sie Ihr Ziel nie erreichen werden. Wenn Sie der Überzeugung sind, der Weg sei lang und beschwerlich, dann ist der Weg lang und beschwerlich – für Sie!

Lassen Sie sich so etwas nicht einreden – selbst wenn 100 Gurus kommen und Sie vom Gegenteil überzeugen wollen: ich fordere Sie auf, denken Sie selbst. (Ich habe nichts gegen Gurus; ich habe etwas gegen die Abhängigkeit von Gurus.)

Wenn Sie denken, «es gibt keinen Gott», dann ist das Ihre Wahrheit, die sich in Ihrem Leben entsprechend auswirken wird.

Wenn Sie denken, daß Sie in einer fernen Zukunft einmal wie Gott sein werden, dann ist das Ihre Wahrheit – und Sie werden folglich niemals wie Gott sein, weil die ferne Zukunft niemals Gegenwart werden wird.

Wenn Sie denken, Sie seien ein armer Sünder, der viel an sich arbeiten muß, dann ist das Ihre Wahrheit – und Sie werden viel an sich arbeiten müssen.

Wenn Sie denken, «Ich bin Gott», dann ist das Ihre Wahrheit – und Sie werden nicht mehr an sich arbeiten müssen, Sie haben Ihr Ziel erreicht!

Das Problem mit uns Menschen

Die Schwierigkeiten mit uns Menschen kommen daher, daß wir immer versuchen, etwas zu werden, das wir schon sind.

Wir suchen Gott überall außerhalb von uns,
wir nehmen an zahlreichen Konferenzen teil,
an Versammlungen, an Gruppendiskussionen,
wir lesen unzählige Bücher, hören Professoren,
Persönlichkeiten, Gurus,
<u>obwohl Gott permanent in uns ist.</u>

Wenn wir Menschen doch aufhören würden mit der Idee des «Versuchens» und die Idee des «Existierens» akzeptieren würden – wir hätten schnellstens ein perfektes Bewußtsein der REALITÄT.

3. Ein atemberaubender Ausblick

Ich möchte Sie nochmals darauf aufmerksam machen, zu welchen Perspektiven das LOLA-Prinzip führt. Immer wieder habe ich erwähnt, daß es mir darum geht, zu zeigen, wie man möglichst schnell und mit einem Minimum an Aufwand von einem IST- zu einem SOLL-Zustand gelangt.

Überblicken wir nochmals, was wir erarbeitet haben:

1. Wer die Welt und andere Menschen kritisiert, verurteilt, wer negative Gedanken sät, der wird seine Ziele entweder gar nicht, oder dann nur mit einem relativ großen Aufwand erreichen können. Dieses Verhalten ist nicht sehr ökonomisch und führt in Unternehmen, in der Politik, im Sport und im Privatleben zu schlechten Ergebnissen.

2. Wer das Gesetz von Aktion und Reaktion kennt, wird weniger kritisieren, verurteilen. Er wird sich bemühen, positive, konstruktive Gedanken auszusenden. Die Folge davon ist, daß er seine Ziele schneller und mit weniger Aufwand erreicht, als jener, der sich gemäß Punkt 1 verhält.

3. Wer loslassen kann, der erreicht seine Ziele noch schneller und mit noch weniger Aufwand als derjenige, der «nur» das Gesetz von Aktion und Reaktion kennt und anwendet.

4. Wer zusätzlich noch das Gesetz der Liebe kennt und anwenden kann, der erreicht seine Ziele noch einmal schneller und mit noch weniger Aufwand als mit den vorhergehenden Gesetzmäßigkeiten.

> Der Endzustand ist der, welcher Jesus und andere
> große Meister uns vorgemacht haben: IST wird gleich
> SOLL. Das heißt: die Zeit zwischen dem IST- und dem
> SOLL-Zustand schrumpft auf Null! Es braucht keine
> Zeit mehr, um einen bestimmten SOLL-Zustand zu errei-
> chen. Jesus erreichte seine Ziele immer <u>sofort!</u> Er heilte
> die Kranken <u>sofort!</u> Er besänftigte den Sturm <u>sofort!</u> Nie
> hat er gesagt: Du wirst irgendwann einmal gesund wer-
> den. Seine Einstellung war: Du bist gesund!
> **IST = SOLL!**

Folglich: das LOLA-Prinzip zeigt Ihnen, wie Sie Ihre Ziele immer schneller und schneller erreichen können – mit immer weniger Aufwand! Es sind dies die drei Stufen «Aktion = Reaktion», «Loslassen» und «Liebe», welche diesen Weg beschreiben. Dieser Weg führt von wenig Liebe zu immer mehr Liebe; der Endzustand ist der Zustand der **bedingungslosen Liebe** und somit des kosmischen Bewußtseins.

Jetzt liegt es an Ihnen.
Sie kennen den «Weg» und Sie verfügen über den freien Willen.
Sie wissen aber auch, daß dieser «Weg» eigentlich gar kein «Weg» ist. **Sie sind schon am Ziel, Sie müssen sich dessen nur noch bewußt werden.**

Letztlich gibt es nur noch **ein** Ziel: das was IST zu lieben. Darin sind alle anderen Ziele enthalten.

Sie können sich das LOLA-Prinzip grafisch wie folgt vorstellen:

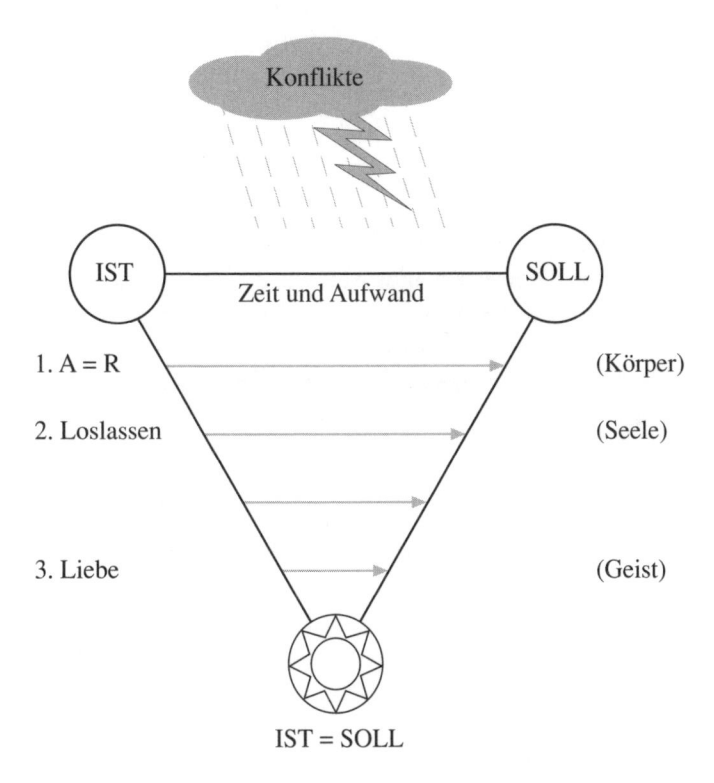

Das LOLA²-Prinzip

```
                    Konflikte

        IST ─────────────────── SOLL
              Zeit und Aufwand

  1. A = R    ──────────────▶        (Körper)

  2. Loslassen ─────────────▶        (Seele)

              ──────────▶

  3. Liebe      ──────▶              (Geist)

                   ✦
               IST = SOLL
```

Das LOLA-Prinzip besteht aus drei Teilen. Der Mensch besteht ebenfalls aus drei Teilen: Körper, Seele und Geist. Die menschliche Entwicklung vom rein Körperlichen zum Geistigen entspricht einer Entwicklung zu mehr Liebe.

Sie können sich die Zielerreichung auch folgendermaßen vorstellen: Ein Mensch, der ganz stark in der Materie (Körper!) verhaftet ist, der braucht viel Aufwand, um seine Ziele zu erreichen; alles geht sehr zähflüssig, weil es für ihn gedanklich ja nur die schwere Materie gibt. Es ist recht mühsam.

Ein Mensch, der sich gedanklich über die Materie erheben kann (Seele!), der erreicht seine Ziele mit weniger Aufwand; alles fließt schneller. Und noch schneller fließt es bei einem Menschen, der sich gedanklich auf dem Niveau des Geistes – und das heißt: der bedingungslosen Liebe – befindet.

Die Dreiteilung des LOLA-Prinzips deckt sich also mit der Dreiteilung des Menschen in Körper, Seele und Geist. Aber alles zusammen ist EIN Ganzes. Ein Teil kann und soll nicht ohne die anderen betrachtet werden; das ist es, was ich in diesem Buch aufgezeigt habe.

Ich wünsche Ihnen viel Erfolg bei der praktischen Umsetzung des LOLA-Prinzips in Ihrem Leben.

Anhang

Persönliche Notizen

Dieses Buch ist ein Arbeitsbuch. Die nachfolgenden Seiten sind deshalb dazu gedacht, daß Sie hier Ihre ganz persönlichen Gedanken niederschreiben können.

Persönliche Notizen

Persönliche Notizen

Persönliche Notizen

Persönliche Notizen

Persönliche Notizen

Persönliche Notizen

Persönliche Notizen

Persönliche Notizen

Persönliche Notizen

Danksagung

Ich bedanke mich bei der grenzenlosen universellen Intelligenz,

die durch mich – und durch alle anderen Menschen – wirkt,

und die es mir ermöglicht hat, dieses Buch zu schreiben.

Februar 1994
René Egli

Das Gesamtangebot der Editions d'Olt

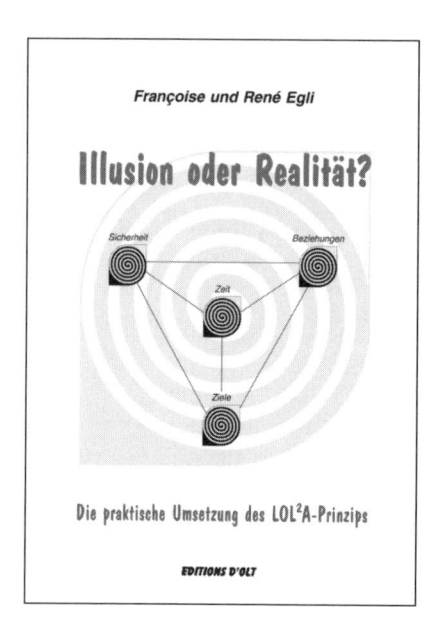

Illusion oder Realität?
Die praktische Umsetzung des
LOL^{2}A-Prinzips
236 Seiten, 100 Zeichnungen,
4-farbig.
Bildbandformat.
ISBN 978-905586-06-0

Françoise Egli
René Egli
Dieses Buch ist der Schlüssel zum
Paradies
Das LOL^{2}A-Prinzip – Teil 2
Eine Abhandlung über
die Nullzeit
ISBN 978-3-905586-14-5

Françoise Egli
Der Überfluss des Lebens
«Vergessen Sie ganz einfach alles,
was Sie bisher über das Thema
‹Reichtum› gehört oder gelesen haben,
und treten Sie ein in die Welt des
Überflusses.»
ISBN 978-3-905586-13-8

Das LOL^{2}A-Prinzip:
Die Formel für Reichtum
ISBN 978-3-9520606-3-6

Der goldige Passagier
Leben ohne Kampf
115 Seiten, in Schuber
ISBN 3-905586-10-X

Die LOL^{2}A-Karten.
Zeichnungen und Texte zum LOL^{2}A-Prinzip für Mitteilungen
an Bekannte und Unbekannte.
7 verschiedene Motive
mit Umschlag in Plastikhülle.
ISBN 3-9520606-5-8

CD «LOL²A-Dialog 4»
Die Geschichte vom Großen und Kleinen Ich
ISBN 3-905586-07-X

Die LOL²A-Puppe.
Das Große und Kleine Ich in Form einer Puppe. Am Beispiel dieser Puppe sieht man sehr schön, wie wir uns vom Leben trennen und wie wir wieder zurück zum Leben gelangen.
ISBN 3-905586-04-5

Die LOL²A-Impulse sind ein Informationsbrief, der alle 2 Monate erscheint.
Die LOL²A-Impulse können abonniert werden.

Literaturverzeichnis

Berendt, Joachim-Ernst: Nada Brahma – Die Welt ist
 Klang, Rowolth, 1985
Brand, Rolf: Aikido, Falken Verlag, 1987
Charon, Jean E.: Der Sündenfall der Evolution,
 Ullstein Sachbuch, 1989
Charon, Jean E.: Der Geist der Materie,
 Ullstein Sachbuch, 1988
Charon, Jean E.: J'ai vécu quinze milliards d'années,
 Albin Michel, 1983
Davies, Paul: Prinzip Chaos, Goldmann Verlag, 1988
Dürckheim, Karlfried Graf: Wunderbare Katze,
 O.W. Barth Verlag, 1975
Ferrucci, Piero: Unermesslicher Reichtum,
 Sphinx Verlag, 1992
Fromm, Erich: Die Kunst des Liebens,
 Buchclub Ex Libris Zürich, 1975
Garaudy, Roger: Aufruf an die Lebenden,
 Buchclub Ex Libris Zürich, 1982
Hartmann, Dr. Franz: Die Bhagavad Gita,
 Schatzkammerverlag Hans Fändrich
Hesse, Hermann: Siddhartha, Suhrkamp Verlag, 1972
Iqbal, Mohammad: Les secrets du soi,
 Editions Alblin Michel S.A., 1989
Krishnamurti, Jiddu: Aus dem Schatten in den Frieden,
 Ullstein Sachbuch, 1987
Krishnamurti, Jiddu: Einbruch in die Freiheit,
 Ullstein Sachbuch, 1989
Laotse: Tao te king, Buchclub Ex Libris Zürich, 1972
Lassier, Suzanne: Gandhi et la non-violence,
 Editions du Seuil, 1970

Maturana, Humberto R. und Varela, Francisco J.:
   Der Baum der Erkenntnis,
   Goldmann Verlag, 1991
Maurois, André: Napoleon, Rowohlt, 1966
Murphy, Dr. Joseph: La magie de la foi,
   Editions Dangles, 1993
Percheron, Maurice: Buddha, Rowohlt, 1967
Rifkin, Jeremy: Entropie – ein neues Weltbild,
   Ullstein Sachbuch, 1985
Roads, Michael J.: Au coeur de la nature,
   Editions Vivez Soleil, 1991
Rose, Dennis: Zen-management, Editions Dangles, 1992
Staehelin, Balthasar: Die Welt als Du,
   Buchclub Ex Libris Zürich, 1970
Tompkins, Peter und Bird, Christopher:
   Das geheime Leben der Pflanzen,
   Fischer, 1983
Voltaire: Candid oder die beste der Welten, Reclam, 1963
Watts, Alan W.: Weisheit des ungesicherten Lebens,
   O.W. Barth Verlag, 1978

Stichwortverzeichnis

Absichtslosigkeit 156
Aikido 94, 167
Aktion 102, 105f
Analyse 68f, 74, 179,
Angst 26, 33, 44, 74, 103, 118, 143, 164
Arbeitslosigkeit 15, 56, 65, 189
Aristoteles 52
Armut 33, 69, 99, 112, 165, 175, 189
Arzt 181
Astralwelt 124
Atmung 157
Atomphysik 82, 88, 91, 172
Aufgabe 42, 124, 138
Augenblick 9, 159
Ausgaben 111f
Autobahn 93

Ballast 148
Bewußtsein 52, 141, 156, 171
Blockade 131, 140
Buddhismus 38, 53, 93, 124, 147, 156

Champion 139, 146
Chardin, Teilhard de 172
Christentum 28, 31, 124, 163
Curling 28, 144

Dankbarkeit 186f
Diskussion 61, 117
Drogen 91, 115, 161, 165
Druck 147
Dualität 24, 75, 93, 143

Eckhart 156
Einbruch 26, 118
Einfachheit 23, 45f
Einheit 75, 91, 143, 163
Einmischung 38, 61
Einnahmen 111
Einstein 85, 122
Eltern 36, 53, 123, 136
Energie 23, 29, 72, 79, 99, 103, 108, 114, 120, 131, 140, 154, 166, 176, 180
Energiemanagement 104
Entweder-oder 52, 93
Erde 23, 50, 58, 113, 164
Erfolg 104, 107, 125
Erleuchtung 160
Erziehung 17, 37, 126

Fehler 24, 135, 149
Feind 119, 168
Festhalten 21, 36, 88, 130, 136, 144, 154
Finanzen 111
Fliessen 130, 140, 149, 188
Frau 77, 143

Friedensprozeß 22, 183
Fußball 146

Geburt 124
Gedanke 24, 58, 103f, 120, 134f, 166
Gegenwart 139, 154, 194
Gegner 137, 168
Geist 43, 98, 124, 168, 199
Geld 82, 89, 112, 133, 170
Gerechtigkeit 106, 119
Gericht 33, 110
Gespräch 117
Gesundheit 69, 99, 107, 114
Gewichtsabnahme 180
Gewinner 94
Glaubenssysteme 99
Gleichmut 147
Glück 99, 107, 129
Golf 143

Hautfarbe 125
Heilung 136
Heirat 150
Herz 41, 76, 90, 134, 156, 185
Hier-und-Jetzt 154f, 192, 194
Hinduismus 53
Hygiene 182

Illusion 90, 108, 134, 170, 184, 194
Irrtum 86, 94, 167, 193
Islam 28, 38, 44, 88

Jesus 16, 31, 49, 55, 60, 80, 93, 106, 111, 119, 124, 141, 166, 175, 198

Kampf 16, 26, 33, 51, 75, 93, 99, 136f, 143, 147, 167
Kinder 37, 86, 120, 125
Kindstod 126
Kommunikation 94, 96
Komplexität 45f
Konflikt 10, 19, 38, 51, 66, 75, 87, 93, 99, 108, 113, 133, 144, 155, 167
Körper 103, 124, 144
Kosmos 10, 70, 89, 92, 99, 105, 109, 113, 121
Krankheit 36, 69, 80, 99, 114, 131, 138
Krishnamurti 127
Kunden 48, 86, 108, 139
Kündigung 147
Kutusow 137

Laotse 156, 167
Lärm 167
Last 148
Liebe 34, 46, 54, 70, 94, 111, 128, 162f, 172f, 178f, 184f, 194, 197
Linie 93, 155
Logik 28, 51, 55, 61, 93
Loslassen 128, 143, 153, 158, 187

Macht 25, 30, 35, 40, 44, 50, 54, 62, 65, 85, 92, 117f
Management 48, 96, 104
Mangel 29, 57, 114, 176, 184, 189
Menschheit 10, 38, 43, 56, 66, 74, 113, 143

Mißerfolg 48, 104, 143, 187
Moral 19, 109, 113
Motivation 147
Mystiker 81, 88, 90, 93, 156

Napoleon 137
Nicht-Sein 148

Opfer 25, 33, 42, 68, 84, 87, 121, 173

Paradies 19, 24, 53
Pech 116
Perfektionist 143
Physik 53, 72, 79, 83, 90, 96, 102, 107, 122, 128, 133, 149, 155, 161, 172, 181
Potential 50, 72, 78, 88, 99, 103, 132, 139, 142, 148, 156, 165, 176
Preis 112, 117, 136
Prüfung 120
Psychologie 46, 133

Quantenphysik 92

Rasse 125
Ratio 48f, 74, 185
Realität 45, 79, 82, 87, 91, 109, 165
Reinkarnation 124
Religion 26, 43, 83, 149, 163, 184
Rückenschmerzen 148

Schicksal 42, 70, 113
Schöpfer 122

Schranken 99
Schuld 35f, 126
Schuldgefühle 76, 148, 154
Schweiß 16, 99
Schwingung 73, 79, 85, 99, 103, 111, 212
Seele 124, 169, 199
Selbstliebe 178
Selbstverantwortung 121
Sender 103, 105
Sieger 182
Ski 145
Sowohl-als-auch 53, 93
Sport 28, 94, 115, 139, 143, 145, 167, 197
Staub 71, 148
Strategie 134, 137, 148
Streit 87, 93, 117
Strom 155
Sünde 30, 35, 193, 195
Supraleitung 155, 181

Tod 52, 80, 89, 124, 129, 143
Trennung 91, 120, 143, 164, 168, 175, 184

Überfluß 99, 159, 189
Umsatz 97, 118, 146, 180

Uneinigkeit 168
Unfall 28, 36, 123, 174
Ungerechtigkeit 123
Unglück 74, 99
Universum 10, 80, 91, 113, 121, 123, 169, 181
Urknall 121

Ursache 112, 122, 126, 184
Urteil 19, 27, 31, 38, 74, 110, 134, 142, 149, 168

Verantwortung 35, 42, 69, 92, 121, 126
Verkäufer 108, 117, 129, 139, 146, 152, 180, 186
Verlierer 94, 182
Verschmutzung 113
Versicherung 26f, 157
Vertrauen 26f, 40, 76, 140f, 152, 155, 159
Verwaltungsrat 182
Voltaire 188

Wahrheit 45, 84, 87, 117, 195
Weisheit 40, 67, 76, 81, 101, 110, 140
Weltbild 34, 51, 84
Wiedergeburt 124
Wille, freier 68f, 78, 89, 104, 125, 135, 169
Wohlstand 33, 107, 114, 189

Zeit 14, 45, 56
Zen-Buddhismus 93, 147, 156
Ziele 12, 29, 60, 72, 81, 99, 102, 128, 133
Zufall 104, 108, 121, 174
Zukunft 20, 70, 74, 99, 105, 110, 154, 193
Zweifel 74, 76, 140, 151